Kauderwelsch
Band 52

Rumänische Töpferkunst

Impressum

Jürgen Salzer
Rumänisch – Wort für Wort
erschienen im
REISE KNOW-HOW Verlag Peter Rump GmbH
Osnabrücker Str. 79, D-33649 Bielefeld
info@reise-know-how.de

Bearbeitung & Layout Jean-Jacques Brunner, Claudia Schmidt
Layout-Konzept Günter Pawlak, FaktorZwo! Bielefeld
Umschlag Peter Rump
(Coverfoto „Wandern in den Karpaten“: Falk@Fotolia.com)
Kartographie Iain Macneish
Fotos Rumänisches Touristenamt (S. 18, 23, 27, 32, 48, 59, 123, 141); Joscha Remus (S. 8/9, 41, 56, 62, 98); Wilhelm Scherz (S. 144); Fotografen@Fotolia.com (S. 1, 31, 60, 76/77, 80, 127, 130, 134; Namensangabe am jeweiligen Bild)

Druck und Bindung Werbedruck GmbH Horst Schreckhase, Spangenberg

ISBN: 978-3-8317-6428-0
Printed in Germany

Dieses Buch ist erhältlich in jeder Buchhandlung Deutschlands, Österreichs, der Schweiz und der Benelux-Staaten. Bitte informieren Sie Ihren Buchhändler über folgende Bezugsadressen:
Deutschland Prolit GmbH, Postfach 9, 35461 Fernwald (Annerod) sowie alle Barsortimente
Schweiz AVA-buch 2000, Postfach 27, CH-8910 Affoltern
Österreich Mohr Morawa Buchvertrieb GmbH, Sulzengasse 2, A-1230 Wien
Belgien & Niederlande Willems Adventure, www.willemsadventure.nl
direkt Wer im Buchhandel kein Glück hat, bekommt unsere Bücher zuzüglich Porto- und Verpackungskosten auch direkt über unseren Internet-Shop: **www.reise-know-how.de**

Kauderwelsch

Jürgen Salzer

Rumänisch

Wort für Wort

ENERGIE NUCLEARĂ?
NU, MULȚUMESC!

Kauderwelsch-Sprechführer sind anders!

Warum? Weil sie Sie in die Lage versetzen, wirklich zu sprechen und die Leute zu verstehen.

Wie wird das gemacht? Abgesehen von dem, was jedes Sprachbuch bietet, nämlich Vokabeln, Beispielsätze usw., zeichnen sich die Bände der Kauderwelsch-Reihe durch folgende Besonderheiten aus:

Die **Grammatik** wird in einfacher Sprache so weit erklärt, dass es möglich wird, ohne viel Paukerei mit dem Sprechen zu beginnen, wenn auch nicht gerade druckreif.

Alle Beispielsätze werden doppelt ins Deutsche übertragen: zum einen **Wort-für-Wort**, zum anderen in „ordentliches" Hochdeutsch. So wird das fremde Sprachsystem sehr gut durchschaubar. Denn in einer fremden Sprache unterscheiden sich z. B. Satzbau und Ausdrucksweise recht stark vom Deutschen. Ohne diese Übersetzungsart ist es so gut wie unmöglich, schnell einzelne Wörter in einem Satz auszutauschen.

Die **Autorinnen** und **Autoren** der Reihe sind Globetrotter, die die Sprache im Land selbst gelernt haben. Sie wissen daher genau, wie und was die Leute auf der Straße sprechen. Deren Ausdrucksweise ist nämlich häufig viel einfacher und direkter als z. B. die Sprache der Literatur oder des Fernsehens.

Besonders wichtig sind im Reiseland **Körpersprache**, **Gesten**, **Zeichen** und **Verhaltensregeln**, ohne die auch Sprachkundige kaum mit Menschen in guten Kontakt kommen. In allen Bänden der Kauderwelsch-Reihe wird darum besonders auf diese Art der nonverbalen Kommunikation eingegangen.

Kauderwelsch-Sprechführer sind keine Lehrbücher, aber viel mehr als Sprachführer! Wenn Sie ein wenig Zeit investieren und einige Vokabeln lernen, werden Sie mit ihrer Hilfe in kürzester Zeit schon Informationen bekommen und Erfahrungen machen, die „sprachlosen" Reisenden verborgen bleiben.

Inhalt

Konversation

Anhang

© JR

Junge Tänzer aus Muntenien (Große Walachei)

Vorwort

Rumänien ist ein vielseitiges und faszinierendes Land. Landschaftlich bietet es eine große Vielfalt: ausgedehnte Badestrände an der Schwarzmeerküste, schroffes, wenig begangenes Hochgebirge, das geheimnisvolle Donaudelta, die Moldauklöster mit ihren berühmten Außenfresken, die mittelalterlichen Städte Siebenbürgens mit deutscher Prägung. Das alles ergibt eine bunte Palette, an der sich vor allem jene erfreuen können, die dem Massentourismus fernbleiben wollen.

Der Kauderwelsch-Band Rumänisch ist mit vielen nützlichen Informationen versehen und erklärt die Grammatik praxisorientiert und allgemeinverständlich, so dass ein unkomplizierter Einstieg in diese formenreiche Sprache möglich wird. Touristische Alltagssituationen sind hier so aufgearbeitet, dass man sofort zu sprechen anfangen und sich mit den Einheimischen verständigen kann.

Schon mit ganz wenigen Floskeln öffnen sich einem die rumänischen Häuser, und man kann die oftmals sprichwörtliche Gastlichkeit der Rumänen hautnah erleben. Mir bleibt nichts anderes übrig, als mult succes! (viel Erfolg!) beim Erlernen des Rumänischen zu wünschen.

Jürgen Salzer

Hinweise zur Benutzung

Hören Sie sich **Ausprachebeispiele** mit Ihrem Smartphone an! Ausgewählte Kapitel im Konversationsteil sind dafür mit einem QR-Code ausgestattet.

Der Kauderwelsch-Band Rumänisch ist in drei wesentliche Abschnitte, „Grammatik", „Konversation" und „Wörterliste", gegliedert:

Die **Grammatik** beschränkt sich auf das Wesentliche und ist so einfach gehalten wie möglich. Deshalb sind auch nicht sämtliche Ausnahmen und Unregelmäßigkeiten der Sprache erklärt. Natürlich kann man die Grammatik auch überspringen und sofort mit dem Konversationsteil beginnen. Wenn dann Fragen auftauchen, kann man immer noch in der Grammatik nachsehen.

In der **Konversation** finden Sie Sätze aus dem Alltagsgespräch, die Ihnen einen ersten Eindruck davon vermitteln sollen, wie die rumänische Sprache „funktioniert", und die Sie auf das vorbereiten sollen, was Sie später möglicherweise in Rumänien hören werden. Denn was man vorher schon gelesen hat, versteht man später viel einfacher.

Jede Sprache hat ein typisches Satzbaumuster. Um die sich vom Deutschen unterscheidende Wortfolge rumänischer Sätze zu verstehen, ist die **Wort-für-Wort-Übersetzung** in kursiver Schrift gedacht. Jedem rumänischen Wort entspricht ein Wort in der Wort-für-Wort-Übersetzung. Wörter, die hier in Klammern stehen, enthalten Zusatzinformationen oder sind zum besseren Verständnis ergänzt worden, z. B.:

Sunt german.
(ich-)bin Deutscher
Ich bin Deutscher.

Das persönliche Fürwort in Klammern (in der Wort-für-Wort-Übersetzung) kann im Rumänischen entfallen, wenn die Verbform oder der Zusammenhang eindeutig sind.

Wird ein rumänisches Wort im Deutschen durch zwei Wörter übersetzt, werden diese in der Wort-für-Wort-Übersetzung mit einem Bindestrich verbunden, z. B.:

hotelul
Hotel-das
das Hotel

Werden in einem Satz mehrere Wörter angegeben, die man untereinander austauschen kann, wird dies durch einen Schrägstrich kenntlich gemacht:

Sunt german / român.
(ich-)bin Deutscher / Rumäne
Ich bin Deutscher / Rumäne.

Wird z. B. die männliche und weibliche Form eines Eigenschaftswortes angegeben, sieht das so aus:

Sunt fericit/ă. (*lies:* **fericit / fericită**)
(ich-)bin glücklich(m/w)
Ich bin glücklich. (*„ich" ist Mann / Frau*)

Achtung: Da sich auch ein als Ergänzung des Hilfsverbs „sein" gebrauchtes Eigenschaftswort (z. B. „ich bin glücklich") im Rumänischen nach dem Satzgegenstand (Subjekt) richtet, muss immer unterschieden werden, ob hier eine weibliche oder männliche Person gemeint ist. Im Deutschen steht hier nämlich die unveränderliche Form.

Mit Hilfe der Wort-für-Wort-Übersetzung können Sie bald eigene Sätze bilden. Sie können die Beispielsätze als Fundus von Satzschablonen und -mustern benutzen, die Sie selbst Ihren Bedürfnissen anpassen. Um Ihnen das zu erleichtern, ist ein erheblicher Teil der Beispielsätze nach allgemeinen Kriterien geordnet („sich freuen“, „sich ärgern“, „zustimmen“ usw.). Mit einem kleinen bisschen Kreativität und Mut können Sie sich neue Sätze „zusammenbauen“, auch wenn das Ergebnis nicht immer grammatikalisch perfekt ausfällt.

Die **Wörterlisten** am Ende des Buches helfen Ihnen dabei. Sie enthalten einen Grundwortschatz von je ca. 1000 Wörtern „Deutsch – Rumänisch“ und „Rumänisch – Deutsch“, mit denen man schon eine ganze Menge anfangen kann.

Die **Umschlagklappe** hilft, die wichtigsten Sätze und Formulierungen stets parat zu haben. Hier finden sich schnell die wichtigsten Angaben zur Aussprache und eine kleine Liste der wichtigsten Fragewörter, Richtungs- und Zeitangaben. Aufgeklappt ist der Umschlag eine wesentliche Erleichterung, da nun die gewünschte Satzkonstruktion mit dem entsprechenden Vokabular aus den einzelnen Kapiteln kombiniert werden kann.

Wenn alles nicht mehr weiterhilft, dann ist vielleicht das Kapitel „Nichts verstanden? – Weiterlernen!“ der richtige Tipp. Es befindet sich ebenfalls im Umschlag, stets bereit, mit der richtigen Formulierung für z. B. „Ich habe leider nicht verstanden.“ oder „Wie bitte?“ auszuhelfen.

Seitenzahlen

Um Ihnen den Umgang mit den Zahlen zu erleichtern, wird auf jeder Seite die Seitenzahl auch auf Rumänisch angegeben!

Die Rumänen und ihre Sprache

Die Rumänen sind ein liebenswertes Volk: tolerant, großzügig und überaus gastfreundlich. Während der jahrhundertelangen Fremdherrschaft und einer grotesken pseudo-sozialistischen Diktatur, verbunden mit eklatanter Misswirtschaft, haben sie gelernt, im Privaten die schwierigsten Situationen zu meistern. Sie versuchen eben, şmecher (etwa: „Schlitzohr") zu sein, um gut über die Runden kommen zu können. Auch wenn sich in den vergangenen zwei Jahrzehnten ein schier unglaublicher Wandel im Land stattgefunden hat, und die anfängliche Euphorie über den plötzlich einbrechenden Kontakt mit dem westlichen Lebensstil und seinem Warenangebot längst verflogen ist: die große Begeisterung der Rumänen für den Westen und seine Konsumprodukte ist geblieben (selbst wenn es in Zeiten des EU-Binnenmarktes eigentlich keinen Unterschied zwischen West- und Ostprodukten mehr geben sollte).

Lange Zeit hindurch wurde den Rumänen eingetrichtert, sie seien Abkömmlinge der Daker und Römer, was zum Teil auch zutrifft. Allerdings haben auch die Einwanderervölker, vor allem die Slawen, ihre Sprache und Sitten geprägt. Das gilt besonders für die religiösen Feste und die damit verbundenen Bräuche, da die Rumänen überwiegend orthodox sind.

In Rumänien leben eine Reihe von Minderheiten, wobei die Ungarn – vor allem in Siebenbürgen und im Banat – mit fast 10 % der Gesamtbevölkerung die wichtigste darstellt. Deutsche gibt es auch noch in den eben genannten Regionen, doch schwindet ihre Zahl bedenklich schnell, so dass in wenigen Jahren nur noch ihre Baudenkmäler (Gotik in Siebenbürgen, Barock im Banat) verbleiben werden. Hinzu kommen Ukrainer (im Banat und

in der Maramureş) und Russen (im Donaudelta). Äußerst gering ist die Zahl der Juden, Griechen und Armenier, deren Zahl durch Auswanderung weiter abnimmt. Im Banat findet man Serben und Slowaken, in der Dobrudscha Türken und Tataren. Im Steigen begriffen ist wegen der hohen Geburtenrate die Zahl der Roma. Insgesamt sind 18 nationale Minderheiten offiziell anerkannt.

Rumänisch gehört zur romanischen Sprachfamilie. Die rumänische Sprache hat trotz langer Isolation vom Romanischen des Westens lateinische Strukturen bewahrt, die sich jedoch eigenständig entwickelt haben und daher teilweise schwer erkennbar sind.

Der rumänische Wortschatz enthält viele slawische Elemente und wurde durch Entlehnungen aus dem Französischen sowie von universell gebräuchlichen Latinismen angereichert. Die heutige rumänische Sprache umfasst außerdem neugriechische, türkische und ungarische, aber auch – bedingt durch die Entwicklung in Wissenschaft und Technik – deutsche und englische Lehnwörter.

Die rumänische Grammatik ist wegen ihrer Vielfalt an Formen nicht gerade einfach. Auch wenn man mal einen Fehler macht, sollte man sich nicht beirren lassen. Man wird schon verstanden! Übrigens ist jeder Rumäne stolz, wenn ein Ausländer versucht, Rumänisch zu sprechen, da er sich bewusst ist, dass Rumänisch zu den „kleineren“ Sprachen gehört.

Außer in Rumänien ist das Rumänische auch Amtssprache in der Republik Moldau (Moldova), *die in Rumänien zur Unterscheidung von der eigenen Moldau-Region oftmals als Bessarabien* (Basarabia) *bezeichnet wird. Auch in bei Reisen in dieses Land kann Ihnen der vorliegende Kauderwelsch-Band nützlich sein.*

Aussprache & Betonung

Bei der Aussprache ist vor allem zu beachten, dass die Selbstlaute (Vokale) halblang und geschlossen ausgesprochen werden, z. B. e in merge (er geht) wird länger als in „Bett" und kürzer als in „Beet" ausgesprochen.

Die stimmhaften Mitlaute b, d, g, v, z werden am Wortende im Unterschied zum Deutschen stets stimmhaft ausgesprochen. Die Mitlaute p, t, k werden nicht wie im Deutschen mit Hauch (aspiriert) ausgesprochen.

Da es im Rumänischen keine feststehenden Betonungsregeln gibt, wird in diesem Buch der betonte Selbstlaut immer unterstrichen, z. B. revistă (Zeitschrift).

Das ă ist im Deutschen ein Laut, der nur in unbetonten Silben vorkommt. Nicht so im Rumänischen: hier kann ă auch betont werden, z. B. in ăsta (dieses).

Die Regel mit dem vorklingenden „j" gilt auch für ei und eu.

Selbstlaute (Vokale)

ă	dumpf gemurmeltes „e" wie in „Tag**e**": **masă** (Tisch)
â	ähnlich einem kurzen, offenen „ü" wie im Wort „K**ü**rze", aber ohne Lippenrundung gesprochen (vgl. auch **î**): **român** (Rumäne)
e	wie im Deutschen, jedoch am Wortanfang in „altrumänischen" Wörtern mit vorangehendem „j": **este** (ist)
ei	getrennt „e-i" wie in „r**ei**nvestieren": **ei** (sie, *Mz*)
eu	getrennt „e-u" aussprechen wie in „Mus**eu**m": **eu** (ich)

i	wie im Deutschen, jedoch am Wortende wie ein sanft nachklingendes „j“: **domni** (Herren) – ein doppeltes **ii** am Wortende steht für das normale „i“
ie	getrennt sprechen wie in „P**ie**tismus“: **frizerie** (Friseurladen)
î	ähnlich einem kurzen, offenen „ü“ wie im Wort „K**ü**rze“, aber ohne Lippenrundung gesprochen: **în** (in)

Die Buchstaben â und î stellen also denselben Laut dar, kommen aber an unterschiedlichen Positionen im Wort vor.

Mitlaute (Konsonanten)

ca, că, câ, co, cu	**c** vor **a, ă, â, o** und **u** wie „k“ in „**K**atze“: **cameră** (Zimmer), **că** (dass), **când?** (wann?), **coleg** (Kollege), **cu** (mit)
ce, ci	**c** vor **e** und **i** wie „tsch“ in „deu**tsch**“: **ce?** (wer?), **cine?** (wer?)
ch	vor **e** und **i** wie „k“ mit leicht nachklingendem „j“, etwa wie in „**Kj**ell“, bzw. ähnlich dem „ch“ in „**Ch**aos“: **chelner** (Kellner), **chin** (Plage)
ga, gă, gâ, go, gu,	**g** vor **a, ă, â, o** und **u** wie „g“ in „**G**olf“: **gară** (Bahnhof), **găsi** (finden), **gând** (Gedanke), **gotic** (gotisch), **gură** (Mund)
ge, gi	**g** vor **e** und **i** wie stimmhaftes „dsch“ in „**Dsch**ungel“: **german** (deutsch), **ginere** (Schwiegersohn)

Kauderwelsch-AusspracheTrainer

*Falls Sie sich die wichtigsten rumänischen Sätze, die in diesem Buch vorkommen, einmal von einem Rumänen gesprochen anhören möchten, brauchen Sie den **AusspracheTrainer** zu diesem Buch. Sie bekommen ihn als **MP3-Download** über unseren Internetshop **www.reise-know-how.de** oder auf Audio-CD in Ihrer Buchhandlung. Alle Sätze, die Sie auf dem **Kauderwelsch-AusspracheTrainer** hören können, sind in diesem Buch mit einem Ohr ( ) gekennzeichnet. Mehr über den **Kauderwelsch-AusspracheTrainer** erfahren Sie auf Seite 145.*

gh	vor **e** und **i** wie „g" mit leicht nachklingendem „j", etwa wie in „**Gj**ellerup": **ghid** (Reiseleiter)
j	stimmhaftes „sch" wie **g** in „Gara**g**e": **joi** (Donnerstag)
r	gerolltes Zungenspitzen-r: **România** (Rumänien)
s	stimmloses (scharfes) „ss" (bzw. „ß") wie in „na**ss**": **sare** (Salz)
ş	„sch" wie in „**sch**ön": **şapte** (sieben)
ţ	„z" wie in „**Z**ahl": **ţară** (Land)
v	„w" wie in „**w**arm": **vacanţă** (Ferien)
z	stimmhaftes „s" wie in „**s**agen": **zahăr** (Zucker)

© Rumänisches Touristenamt

Flug über die Karpaten

Mitlautwechsel

Typisch für das Rumänische ist der so genannte Mitlautwechsel: Durch das auslautende -i in der Mehrzahlform von Haupt- und Eigenschaftswörtern sowie bei der Beugung der Verben verändern sich gewisse Mitlaute (d, s und t), an die dieses -i angehängt wird, auf charakteristische Weise. Das s wird auch dann zu ş, wenn zwischen ihm und dem i ein -t- steht. Man sollte sich den Mitlautwechsel sich gut einprägen, da er sehr häufig vorkommt.

Mitlautwechsel	vorher	nachher
d wird zu **z**	**eu cad** ich falle	**tu cazi** du fällst
s wird zu **ş**	**frumos** schön	**frumoşi** schöne *(m Mz)*
sc wird zu **şt**	**eu citesc** ich lese	**tu citeşti** du liest
st wird zu **şt**	**turist** Tourist	**turişti** Touristen
t wird zu **ţ**	**bărbat** Mann	**bărbaţi** Männer

Ähnlich kann ein s in Verbformen auch vor einem -te zu ş werden : el / ea citeşte (er / sie liest).

Wörter, die weiterhelfen

Schon mit ganz wenigen Vokabeln kann man sich in Rumänien verständlich machen. In einem Laden, einer Gaststätte oder einem Hotel findet man sich bereits mit folgenden Ausdrücken zurecht:

Aveți ...? (Haben Sie ...?)

Aveți pâine? *(ihr-)habt Brot*	Haben Sie Brot?
Aveți bere? *(ihr-)habt Bier*	Haben Sie Bier?
Aveți o cameră? *(ihr-)habt eine Zimmer*	Haben Sie ein Zimmer?

Hier kann nun eine Vielzahl von Hauptwörtern aus den Wörterlisten eingesetzt werden. Mögliche Antworten sind:

Da, avem.
ja (wir-)haben
Ja, wir haben.

Nu, n-avem.
nein nicht-(wir-)haben
Nein, wir haben nicht.

Rumänen sind Ausländern gegenüber gewöhnlich sehr höflich. Deshalb werden sie wahrscheinlich auch wie folgt antworten:

Nu, din păcate n-avem.
nein aus Sünden nicht-(wir-)haben
Nein, haben wir leider nicht.

Unde este ...? (Wo ist ...?)

Unde este un hotel?	Wo ist ein Hotel?
Unde este un restaurant?	Wo ist ein Restaurant?
Unde este o alimentară?	Wo ist ein Lebensmittelladen?

un medic	ein Arzt
gara	der Bahnhof
ambasada	die Botschaft
aeroportul	der Flughafen
piața	der Markt
poliția	die Polizei
poșta	die Post
o stație de benzină	eine Tankstelle
un telefon	ein Telefon
un atelier	eine Werkstatt

Wenn das Hauptwort (im Rumänischen) männlich oder sächlich ist, benutzt man den unbestimmten Artikel un (ein), wenn es weiblich ist, den Artikel o (eine).

Natürlich erhält man recht unterschiedliche Antworten. Folgende Wörter könnten darin vorkommen:

aici	hier
acolo	dort
imediat la dreapta *unmittelbar bei rechte*	gleich rechts
imediat la stânga *unmittelbar bei linke*	gleich links

drept înainte *gerade vorwärts*	geradeaus
vizavi	gegenüber
aproape	nah
departe	weit

Doresc ... (Ich möchte ...)

Mit doresc drückt man einen Wunsch oder eine Bitte aus. Und damit kann man schon allerhand erreichen.

Doresc o pâine.	Ich möchte ein Brot.
Doresc un timbru.	Ich möchte eine Briefmarke.

Cât costă ...? (Wie viel kostet ...?)

Cât costă o pâine?	Wie viel kostet ein Brot?
Cât costă o cameră?	Wie viel kostet ein Zimmer?
Cât costă o bere?	Wie viel kostet ein Bier?

Wenn Ihnen das passende Wort gerade nicht einfällt, können Sie auch auf den entsprechenden Gegenstand zeigen und fragen:

Cât costă?
wieviel (er-/sie-/es-)kostet
Wie viel kostet das (da)?

Mulțumesc. (Ich danke.)

Sollte Ihnen das Wort mulțumesc zu schwer fallen, verwenden Sie einfach das französische *merci*, das im Rumänischen allerdings mersi geschrieben wird. Es ist durchaus gängig. Wer noch höflicher sein möchte, sagt:

Mulțumesc / mersi frumos.
(ich-)danke schön
Danke schön.

Mulțumesc / mersi mult.
(ich-)danke / danke viel
Danke vielmals.

Typische Landschaft in der Maramureș

Hauptwörter

Im Rumänischen gibt es wie im Deutschen männliche, weibliche und sächliche Hauptwörter (im Folgenden abgekürzt: *m*, *w*, *s*). Dabei entspricht das Geschlecht im Rumänischen leider bei weitem nicht immer dem der deutschen Wörter. Das Geschlecht der Hauptwörter ist aber meistens leicht zu erkennen, da es jeweils typische Endungen hat:

In der Wort-für-Wort-Übersetzung wird das grammatische Geschlecht rumänischer Hauptwörter nicht ausgewiesen, da man anhand von Artikel und Wortendung das Geschlecht ablesen kann. Achtung: das in der Wort-für-Wort-Zeile wiedergegebene Geschlecht von Artikeln, Eigenschaftswörtern, Fürwörtern usw. entspricht dem Rumänischen, nicht dem Deutschen.

	Endung Ez	Einzahl	Mehrzahl
m	Mitlaut	**domn**	**domni**
		Herr	Herren
	-e	**frate**	**frați***
		Bruder	Brüder
w	**-ă**	**cameră**	**camere**
		Zimmer	Zimmer
	-e	**femeie**	**femei**
		Frau	Frauen
	-a	**basma**	**basmale**
		Kopftuch	Kopftücher
s	Mitlaut	**hotel**	**hoteluri**
		Hotel	Hotels
	-u	**teatru**	**teatre**
		Theater	Theater
	-iu	**fotoliu**	**fotolii**
		Sessel	Sessel

Bei frați hat ein Mitlautwechsel stattgefunden (daher markiert mit *). Die Veränderung von

Mitlauten, an die ein -i angehängt wird, wurde im Abschnitt „Mitlautwechsel" erklärt.

Etwa drei Viertel aller Mehrzahlformen funktionieren nach diesem Schema. In den Wörterlisten im Anhang sind trotzdem die Mehrzahlendungen für alle Hauptwörter aufgeführt.

unbestimmter Artikel

Der unbestimmte Artikel (ein, eine, einer) lautet bei männlichen und sächlichen Hauptwörtern un, bei weiblichen Hauptwörtern o. Er wird wie im Deutschen vor das Hauptwort gesetzt, z. B.:

un domn	**o cameră**	**un hotel**
ein Herr	ein Zimmer	ein Hotel

bestimmter Artikel

Der bestimmte Artikel (der, die, das) wird im Rumänischen (wie auch im Bulgarischen, Albanischen und in den skandinavischen Sprachen) an das Hauptwort angehängt.

Für die Bildung des Hauptwortes mit bestimmtem Artikel nimmt man einfach das Hauptwort und hängt die entsprechende Endung an, wobei in gewissen Fällen die ursprüngliche Endung entfällt. Die Artikelendung Einzahl wird an das Hauptwort in der Einzahl angehängt, die Artikelendung Mehrzahl an das Hauptwort in der Mehrzahl.

	Wort Ez	Artikel Ez	Artikel Mz
m	Mitlaut	+ **-ul**	+ **-i**
	-e	+ **-le**	+ **-i**
w	**-ă**	wird zu **-a**	+ **-le**
	-e	wird zu **-a**	+ **-le**
	-a	+ **-ua**	+ **-le**
s	Mitlaut	+ **-ul**	+ **-le**
	-u	+ **-l**	+ **-le**
	-iu	+ **-l**	+ **-le**

In der folgenden Übersicht wird das Schema der voranstehenden Tabelle auf Hauptwörter, die in der Einzahl stehen, angewandt. Hier einige Beispiele:

Hauptwort Einzahl	mit best. Artikel
domn	**domnul**
Herr	*Herr-der*
Herr	der Herr
frate	**fratele**
Bruder	*Bruder-der*
Bruder	der Bruder
cameră	**camera**
Zimmer	*Zimmer-die*
Zimmer	das Zimmer
hotel	**hotelul**
Hotel	*Hotel-das*
Hotel	das Hotel

In der nächsten Übersicht wird das Schema der oben stehenden Tabelle auf Hauptwörter in der Mehrzahl angewandt.

Hauptwort Mehrzahl	mit best. Artikel
domni	**domnii**
Herren	*Herren-die*
Herren	die Herren
frați	**frații**
Brüder	*Brüder-die*
Brüder	die Brüder
camere	**camerele**
Zimmer(Mz)	*Zimmer(Mz)-die*
Zimmer	die Zimmer
hoteluri	**hotelurile**
Hotels	*Hotels-die*
Hotels	die Hotels

Männer bei der Feldarbeit in der Bucovina

Eigenschaftswörter

Ausnahmen in der Reihenfolge von Haupt- und Eigenschaftswort stellen meistens Ausrufe, wie **Ce frumoasă fată!** *(Welch schönes Mädchen!, wörtl. „was schöne Mädchen"), dar.*

Beachten Sie: Anders als im Deutschen richtet sich das rumänische Eigenschaftswort auch als Ergänzung zum Hilfsverb „sein" (also als Bestandteil des Prädikats) nach dem zugehörigen Hauptwort. Im Deutschen zeigt das Adjektiv hier seine ungebeugte Grundform bzw. die Form eines Umstandswortes (z. B. „sie ist gut").

Im Unterschied zum Deutschen sind die Eigenschaftswörter (Adjektive) dem dazugehörigen Hauptwort nachgestellt:

o călătorie lunga	**o fată frumoasă**
eine Reise lange	*eine Mädchen schöne*
eine lange Reise	ein schönes Mädchen

Die Eigenschaftswörter stimmen stets in Geschlecht und Zahl mit dem Hauptwort, auf das sie sich beziehen, überein.

Am besten merkt man sich gleich folgende Faustregel: In der Einzahl ist die sächliche Form der männlichen gleich, und in der Mehrzahl ist sie der weiblichen Form gleich.

Einzahl		Mehrzahl	
m + s	***w***	***m***	***w + s***
bun	**bună**	**buni**	**bune**
guter/-s	gute	gute	gute

Man unterscheidet in der Regel vier verschiedene Formen. Daneben gibt es jedoch zahlreiche Eigenschaftswörter, die in der Einzahl zwei Formen und in der Mehrzahl nur eine Form haben, und auch solche, die jeweils nur eine einzige Form (für alle Geschlechter) in der Ein- bzw. der Mehrzahl haben. Vergleichen Sie dazu die folgende Übersicht.

Einzahl		Mehrzahl
m + s	*w*	*m + w + s*
mic	**mică**	**mici**
kleiner/-s	kleine	kleine
m + w + s		*m + w + s*
mare		**mari**
großer / große / großes		große

wichtige Eigenschaftswörter

tânăr	jung	**bătrân**	alt *(Person)*
nou	neu	**vechi**	alt *(Dinge)*
deştept	klug	**prost**	dumm
bun	gut	**rău**	schlecht
înalt	hoch	**adânc**	tief
drăgut	hübsch	**urât**	hässlich
frumos	schön	**rar**	selten
cald	warm	**rece**	kalt
scurt	kurz	**lung**	lang
încet	langsam	**repede**	schnell
uşor	leicht	**greu**	schwer
îngust	eng	**minunat**	wunderbar
avantajos	günstig	**desavan-tajos**	ungünstig

Wenn Sie einen Rumänen darum bitten wollen, „langsamer" zu reden, müssen Sie das Eigenschaftswort rar *verwenden, also* mai rar. *Denn* încet *bedeutet zwar „langsam", aber auch „leise", „sanft" usw.*

Farben

roşu	rot	**maro**	braun
galben	gelb	**negru**	schwarz
verde	grün	**alb**	weiß
albastru	blau	**cenuşiu**	grau

Steigern & Vergleichen

Die Steigerung ist gar nicht so schwer. In der Mehrstufe (1. Steigerung) stellt man mai (mehr, noch) vor das Eigenschaftswort, und in der Meiststufe (2. Steigerung) wird vor die Mehrstufe zusätzlich das Wort cel gesetzt.

steigern

Dabei wird cel allerdings selbst nach Zahl und Geschlecht des zugehörigen Hauptworts gebeugt, wie man an der Tabelle erkennen kann.

	Einzahl		Mehrzahl	
1.	m + w + s		m + w + s	
	mai		mai	
2.	m + s	w	m	w + s
	cel mai	cea mai	cei mai	cele mai

mai bun
besser(e/es)

mai bună
bessere

cei mai buni
besten

cele mai bune
besten

vergleichen

Um etwas miteinander zu vergleichen, benötigt man die folgenden zwei Ausdrücke:

decât

Raluca este mai bună decât Maria.
Raluca ist mehr gute als Maria
Raluca ist besser als Maria.

la fel de ... ca şi

Raluca este la fel de bună ca şi Maria.
Raluca ist genauso gut wie Maria.

La fel de ... ca şi ist idiomatisch und bedeutet wörtlich „*bei Art von ... wie auch*". Die Beugung des Verbs a fi (sein) wird im Kapitel „sein und haben" erklärt.

Kirchenburg in Cristian (Bezirk Sibiu)

Persönliche Fürwörter

Die persönlichen Fürwörter (Personalpronomen; ich, du, er, sie usw.) werden im Rumänischen nicht so häufig benutzt wie im Deutschen, da die Person des Subjekts bereits aus dem gebeugten Verb hervorgeht.

Beachten Sie, dass in der Mehrzahl das Geschlecht von „sie" unterschieden wird.

Einzahl		**Mehrzahl**	
eu	ich	**noi**	wir
tu	du	**voi**	ihr
el	er, es	**ei**	sie *(m)*
ea	sie	**ele**	sie *(w/s)*

Die höfliche Anredeform „Sie" heißt dumneavoastră. Wenn man seinen Gesprächspartner siezt, benutzt man dieselbe Verbform wie für die 2. Person Mehrzahl (ihr).

dumneavoastră	Sie *(höfl. Ez / Mz)*

Der Parlamentspalast in Bukarest

Wem? oder Wen?

Im Rumänischen wird wie im Deutschen zwischen „mir“ und „mich“, „dir“ und „dich“ usw. unterschieden. Ein und dasselbe Fürwort kann drei Erscheinungsformen haben.

wem?

	voll	kurz	Kürzel
mir	mie	îmi	mi
dir	ție	îți	ți
ihm	lui	îi	i
ihr	ei	îi	i
uns	nouă	ne	ni
euch	vouă	vă	vi
ihnen	lor	le	le

wen?

	voll	kurz	Kürzel
mich	pe mine	mă	m-
dich	pe tine	te	te-
ihn	pe el	îl	l-
sie	pe ea	o	-o
uns	pe noi	ne	ne-
euch	pe voi	vă	v-
sie *(m)*	pe ei	îi	i-
sie *(w+s)*	pe ele	le	le-

Die volle Form wird verwendet, wenn sie (z. B. als Antwort) alleine steht.

Cui îi dă dicționarul?	**Mie.**
wem ihm (er-)gibt Wörterbuch-das	*mir*
Wem gibt er das Wörterbuch?	Mir.

Pe cine aştepți?	**Pe tine.**
auf wen (du-)wartest	*auf dich*
Auf wen wartest du?	Auf dich.

In einem vollständigen Satz wird jedoch die kurze Form verwendet. Sie steht dann im Gegensatz zum Deutschen vor dem Tätigkeitswort.

Îmi dă dicționarul.
mir (er-)gibt Wörterbuch-das
Er gibt mir das Wörterbuch.

Auch im Fragesatz mit dem Fragefürwort im Wem-Fall cui *(ganz oben auf dieser Seite) wird diese „Objektverdopplungs-Regel" – zumindest in der geschriebenen Sprache – angewendet. Allerdings steht hier das Fragefürwort* cui *wie alle Fragewörter am Satzanfang. Beim Fragefürwort im Wen-Fall* pe cine *dagegen gibt es keine „Objektverdopplung".*

O văd pe stradă.
sie (ich-)sehe auf Straße
Ich sehe sie auf der Straße.

Wenn das persönliche Fürwort besonders betont werden soll, wird die volle Form gebraucht, aber stets zusammen mit der kurzen Form: Beim Wem-Fall umschließen die beiden Formen das Tätigkeitswort (zuerst die kurze, danach die volle Form); beim Wen-Fall steht zuerst die volle und dann die kurze Form, beide jedoch vor dem Tätigkeitswort.

Îmi dați mie dicționarul!
mir gebt mir Wörterbuch-das
Geben Sie mir das Wörterbuch! *(nicht ihm!)*

Pe ea o văd pe stradă.
auf sie sie (ich-)sehe auf Straße
Sie sehe ich auf der Straße. *(und nicht ihn!)*

Das Kürzel wird in der (zusammengesetzten) Vergangenheit und bei der Befehlsform benutzt. In der Vergangenheit wird es dem Hilfsverb a avea (haben) vorangestellt:

Mi-am cumpărat un dicționar.
mir-(ich-)habe gekauft ein Wörterbuch
Ich habe mir ein Wörterbuch gekauft.

L-am văzut.
ihn-(ich-)habe gesehen
Ich habe ihn gesehen.

Bei der weiblichen Form hingegen wird das -o an das Partizip angehängt:

Am văzut-o.
(ich-)habe gesehen-sie
Ich habe sie gesehen.

Das Kürzel wird auch an die Befehlsform gehängt:

Dă-mi, te rog, dicționarul!
gib-mir dich (ich-)bitte Wörterbuch-das
Gib mir bitte das Wörterbuch!

Cheamă-l!
ruf-ihn
Ruf ihn!

Besitzanzeigende Fürwörter

Die besitzanzeigenden Fürwörter (Possessivpronomen; mein, dein usw.) haben wie im Deutschen männliche, weibliche und sächliche Endungen (z. B. meiner, meine, meines). Auch hier gilt wieder die Faustregel, dass die sächliche Form in der Einzahl mit der männlichen und in der Mehrzahl mit der weiblichen Form übereinstimmt.

	Einzahl		**Mehrzahl**	
	***m* + s**	***w***	***m***	***w* + s**
ich	**meu**	**mea**	**mei**	**mele**
	mein	meine	meine	meine
du	**tău**	**ta**	**tăi**	**tale**
	dein	deine	deine	deine
er /	**său**	**sa**	**săi**	**sale**
sie /	sein /	seine /	seine /	seine /
es	ihr	ihre	ihre	ihre
er /	**lui**	**lui**	**lui**	**lui**
es	sein	seine	seine	seine
sie	**ei**	**ei**	**ei**	**ei**
(Ez)	ihr	ihre	ihre	ihre
wir	**nostru**	**noastră**	**noştri**	**noastre**
	unser	unsere	unsere	unsere
ihr	**vostru**	**voastră**	**voştri**	**voastre**
	euer	eure	eure	eure
Sie	**lor**	**lor**	**lor**	**lor**
(Mz)	ihre	ihre	ihre	ihre

Statt der Formen său, sa, săi, sale (sein/e, ihr/e), die den Nachteil haben, das Geschlecht des Besitzers nicht anzuzeigen, können auch die unveränderlichen, geschlechtsspezifischen Formen lui (sein/e) bzw. ei (ihr/e) verwendet werden.

Die besitzanzeigenden Fürwörter richten sich – wie auch die Eigenschaftswörter – in Zahl und Geschlecht nach dem Hauptwort, auf das sie sich beziehen. Sie stehen immer nach diesem Hauptwort. Dabei steht das Hauptwort stets mit dem bestimmten Artikel.

Ausnahmen von dieser Regel sind die unveränderlichen Fürwörter lui, ei *und* lor.

fratele meu
Bruder-der mein
mein Bruder

soția ta
Frau-die deine
deine Frau

hotelul său
Hotel-das sein
sein Hotel

camerele noastre
Zimmer-die unsere
unsere Zimmer

Mașina mea este foarte bună.
Wagen(Ez)-die meine (sie-)ist sehr gute
Mein Wagen ist sehr gut.

Fratele tău este mare.
Bruder-der dein (er-)ist groß
Dein Bruder ist groß.

Dieses & Jenes

Für die hinweisenden Fürwörter (Demonstrativpronomen) „dieses“ und „jenes“ gibt es drei verschiedene Formen, die leider alle drei gleich häufig benutzt werden, weswegen sie auch in der nachfolgenden Tabelle aufgeführt werden. Man unterscheidet hinweisende Fürwörter, die vor dem Hauptwort stehen (in der Tabelle „vor“), und solche, die nach dem Hauptwort stehen (in der Tabelle „nach“). Die mit * gekennzeichneten Formen werden in der Umgangssprache benutzt.

dieser, diese

	Einzahl		**Mehrzahl**	
	m + s	***w***	***m***	***w + s***
vor	**acest**	**această**	**acești**	**aceste**
nach	**acesta**	**aceasta**	**aceştia**	**acestea**
nach	**ăsta***	**asta***	**ăştia***	**astea***

jener, jene

	Einzahl		**Mehrzahl**	
	m + s	***w***	***m***	***w + s***
vor	**acel**	**acea**	**acei**	**acele**
nach	**acela**	**aceea**	**aceia**	**acelea**
nach	**ăla***	**aia***	**ăia***	**alea***

Folgende Regel gilt: Geht das hinweisende Fürwort dem Hauptwort voran, dann steht das Hauptwort in der Grundform (also ohne jeglichen Artikel). Folgt das hinweisende Fürwort jedoch dem Hauptwort, dann muss das Hauptwort mit dem bestimmten Artikel benutzt werden:

Acest dicționar este bun.
dieses Wörterbuch ist gut

Dicționarul acesta este bun.
Wörterbuch-das dieses ist gut

Dicționarul ăsta este bun.
Wörterbuch-das dieses ist gut
Dieses Wörterbuch ist gut.

Acea cameră este mare.
jene Zimmer(Ez) ist groß(e)

Camera aceea este mare.
Zimmer(Ez)-die jene ist groß(e)

Camera aia este mare.
Zimmer(Ez)-die jene ist groß(e)
Jenes Zimmer ist groß.

Am besten, man merkt sich nur eine dieser Formen, und zwar diejenige, die einem am einfachsten erscheint, wahrscheinlich die, die vor dem Hauptwort steht. So braucht man sich keine unnötigen Gedanken über den Artikel zu machen.

Tätigkeitswörter

Über die rumänischen Tätigkeitswörter (Verben) hat der schwedische Romanistik-Professor Alf Lombard zwei kluge Wälzer geschrieben und danach behauptet, er habe noch nicht alle Seiten dieses Themas genügend beleuchtet. Kein Wunder also, dass mir dieses Kapitel ganz besondere Kopfschmerzen bereitet hat. Ich hoffe aber doch, dass es mir gelungen ist, das Wichtigste aus dem Wust von Formen herauszulösen und brauchbare, einsatzfähige Lösungen zu finden. Dass ich dabei von praktischen und nicht wissenschaftlichen Erkenntnissen ausgehe, mögen mir die Philologen verzeihen!

Als Faustregel bei den Verben gilt, dass die persönlichen Fürwörter bei der Beugung (Konjugation) in der Umgangssprache weggelassen werden und nur dann vorkommen, wenn man die betreffende Person betonen will.

Gegenwart

Verben bestehen aus einem Stamm und einer Endung, die etwas über die Zeitstufe (Gegenwart, Vergangenheit und Zukunft) und die betreffende Person (ich, du, er ...) aussagt.

Der Endung in der Grundform (Infinitiv) nach werden die Verben in drei Gruppen eingeteilt. Zum Infinitiv gehört eigentlich noch die nicht übersetzbare Partikel a. Sie entspricht etwa dem „to“ vor englischen Verben.

-a	**a asculta; a fuma**	hören; rauchen
-e / -ea	**a merge; a cădea**	gehen; fallen
-i / -î	**a fugi; a coborî**	laufen; aussteigen

In den folgenden Beugungstabellen ist jeweils auch das Partizip des Verbs (Mittelwort der Vergangenheit, z. B. „gegangen“, „gegessen“, „genommen“) mitangegeben, da es für die Bildung der zusammengesetzten Vergangenheit gebraucht wird.

Die regelmäßige Bildung des Partizips ist einfach: Man hängt ein -t an die Grundform (Infinitiv), z. B. a fuma wird zu fumat. Die unregelmäßigen Partizipien sind in den Wörterlisten im Anhang durch „P“ gekennzeichnet.

Straßenverkaufsstand

Verben auf -a

Bei den Verben auf -a stimmt die 3. Person Einzahl (er / sie) meistens mit der entsprechenden Mehrzahlform (sie, *Mz*) überein. Es werden zwei Gruppen unterschieden.

Leider weist die Grundform (Infinitiv) keine Unterscheidungsmerkmale zwischen den beiden Gruppen auf. Es empfiehlt sich daher, sich auch stets die 1. Person Einzahl (ich) einzuprägen, die auch in den Wörterlisten im Anhang angegeben ist. Das Gleiche gilt für die Beugung der -i-Verben.

a asculta	**hören**
ascult	ich höre
asculți	du hörst
ascultă	er / sie hört
ascultăm	wir hören
ascultați	ihr hört
ascultă	sie hören
ascultat	gehört *(Partizip)*

a fuma	**rauchen**
fumez	ich rauche
fumezi	du rauchst
fumează	er / sie raucht
fumăm	wir rauchen
fumați	ihr raucht
fumează	sie rauchen
fumat	geraucht *(Partizip)*

Verben auf -e und -ea

a merge	gehen
merg	ich gehe
mergi	du gehst
merge	er / sie geht
mergem	wir gehen
mergeți	ihr geht
merg	sie gehen
mers	gegangen *(Partizip)*

a cădea	fallen
cad	ich falle
cazi	du fällst
cade	er / sie fällt
cădem	wir fallen
cădeți	ihr fallt
cad	sie fallen
căzut	gefallen *(Partizip)*

Verben auf -i und -î

Hier gibt es gleich drei Untergruppen: zwei für die Verben auf -i und eine für die auf -î.

a fugi	laufen
fug	ich laufe
fugi	du läufst
fuge	er / sie läuft
fugim	wir laufen
fugiți	ihr lauft
fug	sie laufen
fugit	gelaufen *(Partizip)*

a citi	**lesen**
citesc	ich lese
citeşti	du liest
citeşte	er / sie liest
citim	wir lesen
citiţi	ihr lest
citesc	sie lesen
citit	gelesen *(Partizip)*

a coborî	**aussteigen**
cobor	ich steige aus
cobori	du steigst aus
coboară	er / sie steigt aus
coborâm	wir steigen aus
coboraţi	ihr steigt aus
coboară	sie steigen aus
coborât	ausgestiegen *(Partizip)*

wichtige unregelmäßige Verben

Hier führe ich nur die wichtigsten unregelmäßigen Verben auf.

	a da	**a lua**	**a mânca**	**a bea**
	geben	**nehmen**	**essen**	**trinken**
ich	**dau**	**iau**	**mănânc**	**beau**
du	**dai**	**iei**	**mănânci**	**bei**
er / sie	**dă**	**ia**	**mănâncă**	**bea**
wir	**dăm**	**luăm**	**mâncăm**	**bem**
ihr	**daţi**	**luaţi**	**mâncaţi**	**beţi**
sie	**dau**	**iau**	**mănâncă**	**beau**
Partizip	**dat**	**luat**	**mâncat**	**băut**
	gegeben	genommen	gegessen	getrunken

a veni kommen	a putea können	a vedea sehen	a vrea wollen	
vin	pot	văd	vreau	*ich*
vii	poți	vezi	vrei	*du*
vine	poate	vede	vrea	*er / sie*
venim	putem	vedem	vrem	*wir*
veniți	puteți	vedeți	vreți	*ihr*
vin	pot	văd	vor	*sie*
venit gekommen	putut gekonnt	văzut gesehen	vrut gewollt	*Partizip*

sein & haben

a fi	sein		
sunt	ich bin	suntem	wir sind
ești	du bist	sunteți	ihr seid
este	er / sie ist	sunt	sie sind
fost	gewesen *(Partizip)*		

In der Umgangssprache gibt es für die 1. und 3. Person Einzahl (ich, er / sie) auch folgende Kurzformen:

eu-s	ich bin	el / ea e	er / sie ist

A avea wird in der Gegenwart wie folgt gebeugt:

a avea	haben		
am	ich habe	avem	wir haben
ai	du hast	aveți	ihr habt
are	er / sie hat	au	sie haben
avut	gehabt *(Partizip)*		

Vergangenheit

Im Rumänischen gibt es vier Formen der Vergangenheit. Es würde jedoch zu weit führen, alle zu erwähnen. Deshalb habe ich nur die zusammengesetzte Vergangenheit (vollendete Gegenwart = Perfekt) gewählt, da sie am geläufigsten ist. Gebildet wird sie mit dem Verb a avea (haben) und dem Partizip (Mittelwort der Vergangenheit) des betreffenden Verbs.

a avea +	Partizip =	vollendete Gegenwart
am	**ascultat**	ich habe gehört
ai	**ascultat**	du hast gehört
a*	**ascultat**	er / sie hat gehört
am*	**ascultat**	wir haben gehört
ați*	**ascultat**	ihr habt gehört
au	**ascultat**	sie haben gehört

Achtung: Die mit * gekennzeichneten Formen sind verkürzte Sonderformen des Verbs a avea (haben).

Die zusammengesetzte Vergangenheit für alle anderen Verben funktioniert nach dem gleichen Muster, selbst wenn man im Deutschen das Hilfsverb „sein" gebraucht. So formuliert man im Rumänischen z. B.:

Eu am mers.
ich (ich-)habe gegangen
Ich bin gegangen.

Zukunft

Die Zukunft kann man auf drei verschiedene Arten ausdrücken: 1. Kurzformen des Verbs a vrea (wollen) in der Gegenwart + Grundform (Infinitiv) des jeweiligen Verbs:

a vrea +	Infinitiv	= Zukunft
voi	pleca	ich werde weggehen
vei	pleca	du wirst weggehen
va	pleca	er / sie wird weggehen
vom	pleca	wir werden weggehen
veți	pleca	ihr werdet weggehen
vor	pleca	sie werden weggehen

2. o + să + Verb in der Möglichkeitsform (s. nächstes Kapitel). O steht zusammen mit să, um die Zukunft (kurz: „Zuk.") anzuzeigen.

o să + Verb (Möglichkeitsform)	= Zukunft
o să fumez	ich werde rauchen
Zuk. dass (ich-)rauche	
o să fumezi	du wirst rauchen
Zuk. dass (du-)rauchst	
o să fumeze*	er / sie wird rauchen
Zuk. dass (er-/sie-)raucht	
o să fumăm	wir werden rauchen
Zuk. dass (wir-)rauchen	
o să fumați	ihr werdet rauchen
Zuk. dass (ihr-)raucht	
o să fumeze*	sie werden rauchen
Zuk. dass (sie-)rauchen	

Lediglich die 3. Person Ez und Mz (*) der Möglichkeitsform unterscheidet sich von der Wirklichkeitsform (Indikativ): fumeze *vs.* fumează.

3. Das Verb a avea (haben) in der Gegenwart + să + Möglichkeitsform.

Die erste Konstruktion gilt als gehoben, ist aber am einfachsten zu meistern, die zweite Konstruktion ist am gebräuchlichsten, und die dritte am kompliziertesten, da hier gleich zwei Verben gebeugt werden müssen.

Wandmalerei im Kloster Voroneţ, Bucovina

Möglichkeitsform

Die Möglichkeitsform (Konjunktiv) ist eine weitere Formenkategorie des Verbs im Rumänischen. Im Prinzip dient sie dazu, in einem Satz ein Verb einem anderen Verb unterzuordnen, z. B. „ich will, dass er verschwinde(t)". Man erhält die Möglichkeitsform, indem man das Hilfswort să (entspricht unserem „dass") vor das Verb setzt, das man unterordnen will. Das Verb wird so gebeugt wie sonst auch.

Es gibt jedoch eine Ausnahme: In der 3. Person Einzahl und Mehrzahl (er / sie, sie *Mz*) bekommt das gebeugte Verb eine andere Endung, wenn es auf -e, -ă oder einen Mitlaut endet. Es gibt natürlich auch Ausnahmen von dieser Regel, doch die sind so kompliziert, dass sie hier nicht erläutert werden sollen.

Eine weitere Funktion des Konjunktivs ist es, den Wahrheitsgehalt der Aussage zu relativieren: In unserem Beispielsatz ist das Verschwinden der Person zum Zeitpunkt der Äußerung dieses Satzes noch keine Realität, sondern nur mein Wunsch.

Verb endet auf	Veränderung	Konjunktivendung
-e	wird zu	-ă
Mitlaut	daran wird angehängt	-ă
-ă	wird zu	-e

el / ea fuge — **el / ea să fugă**
er / sie (er-/sie-)läuft — *er / sie dass (er-/sie-)laufe*
er / sie läuft — dass er / sie laufe

ei / ele fug — **ei / ele să fugă**
sie(m/w, Mz) laufen — *sie(m/w, Mz) dass (sie-)laufen*
sie laufen — dass sie liefen

el / ea mănâncă	**el / ea să mănânce**
er / sie (er-/sie-)isst	*er / sie dass (er-/sie-)esse*
er / sie isst	dass er / sie esse
ei / ele mănâncă	**ei / ele să mănânce**
sie (m/w, Mz) essen	*sie (m/w, Mz) dass (sie-)essen*
sie essen	dass sie äßen

Besonders wichtig ist die Möglichkeitsform in Kombination mit să (dass) bei der Verknüpfung von (Voll-)Verben mit modalen Hilfsverben, z. B. „ich will gehen", „du darfst rauchen", usw. Wenn dabei wie in den genannten Beispielen der Satzgegenstand (das Subjekt) der beiden Verben identisch ist, steht im Deutschen das untergeordnete Verb im Infinitiv. Im Rumänischen werden jedoch statt dessen beide Verben gebeugt, da das untergeordnete Verb auch in diesem Fall im Konjunktiv steht.

Vreau să vin.
(ich-)will dass (ich-)komme
Ich will kommen.

Vrei să vii.
(du-)willst dass (du-)kommst
Du willst kommen.

Vrea să vină.
(er-/sie-)will dass (er-/sie-)komme
Er / sie will kommen.

Wunsch- & Bedingungsform

Die Bedingungsform (Konditional) der rumänischen Verben dient nebenher auch als Wunschform (Optativ). Das heißt, sowohl „wenn ich es täte" als auch „ich würde etwas (gern) tun" werden mit der gleichen Verbform ausgedrückt. Die Bedingungsform ist sehr üblich zum Ausdruck höflicher Bitten, weil die Rumänen Höflichkeit schätzen.

Sie ist einfach zu bilden: Man braucht dafür die Sonderformen des Hilfsverbs a avea (haben) und die Grundform (Infinitiv) des gewünschten Verbs. Bei der Beugung des Hilfsverbs a avea gibt es zwei Abweichungen von der zusammengesetzten Vergangenheit: aş statt am (1. Pers. *Ez*), und ar statt a (3. Pers. *Ez*).

a avea	+ Infinitiv =	Wunschform
aş	veni	ich würde (gern) kommen
ai	pleca	du würdest (gern) kommen
ar	citi	er / sie würde (gern) lesen
am	lucra	wir würden (gern) arbeiten
aţi	merge	ihr würdet (gern) gehen
ar	putea	sie würden (gern) können

Die Vergangenheit ist ebenso einfach zu bilden: Ersetzen Sie im obigen Schema den Infinitiv durch das Verb fi (sein) in Kombination mit dem Partizip des gewünschten Verbs, z. B. aş fi venit (ich wäre [gern] gekommen), oder ar fi citit (er / sie hätte [gern] gelesen).

Rückbezügliche Tätigkeitswörter

Achtung: Nicht alle Verben, die im Rumänischen rückbezüglich sind, sind es auch in der deutschen Übersetzung.

Die rückbezüglichen Tätigkeitswörter (reflexiven Verben), z. B. a se spăla (sich waschen) und a se juca (spielen), erkennt man daran, dass das reflexive Fürwort se (sich) vor der Grundform (Infinitiv) des betreffenden Verbs steht. Bei der Beugung des Verbs wird (wie im Deutschen) auch das rückbezügliche Fürwort se entsprechend der Person geändert.

Einen Wem-Fall gibt es beim rückbezüglichen Fürwort auch. Hier lautet die 3. Person Ez / Mz îşi *(„sich, für sich"), alle anderen Personen sind mit den entsprechenden Wen-Fall-Formen der persönlichen Fürwörter identisch.*

rückbezügliches Fürwort (Wen-Fall)

mă	mich	**ne**	uns
te	dich	**vă**	euch
se	sich *(Ez)*	**se**	sich *(Mz)*

Das rückbezügliche Fürwort steht im Gegensatz zum Deutschen immer vor dem gebeugten Verb:

(Eu) mă spăl.
(ich) mich (ich-)wasche
Ich wasche mich.

(El / ea) se spală.
(er / sie) sich (er-/sie-)wäscht
Er / sie wäscht sich.

Fragen

Fragen, auf die man nur mit Ja oder Nein antworten kann, sind mit dem entsprechenden Aussagesatz identisch. Die Frage ergibt sich aus der Satzmelodie. Im Rumänischen wird bei einer Frage (wie auch im Deutschen) der Ton am Ende des Satzes angehoben:

El este medic.	**El este medic?**
er (er-)ist Arzt	*er (er-)ist Arzt*
Er ist Arzt.	Ist er Arzt?

Ergänzungsfragen werden mit konkreten Fragewörtern gebildet. Auf diese Fragen antwortet man mit einem Satz (bzw. Satzteil). Die Fragewörter stehen am Satzanfang.

cine?	wer?
ce?	was?
de ce?	warum?
von was	
unde?	wo?
de unde?	woher?
von wo	
unde?, **încotro?**	wohin?
cum?	wie?
care?	welche(r, -s)
când?	wann?
cât?	wie viel?
câţi? *(m)*/ **câte?** *(w)*	wie viele?

Câţi *bezieht sich auf ein männliches Hauptwort in der Mehrzahl,* câte *auf ein weibliches in der Mehrzahl.*

Când vine medicul?
wann (er-)kommt Arzt-der
Wann kommt der Arzt?

Încotro mergem?
wohin (wir-)gehen
Wohin gehen wir?

Câți ani ai?
wieviele Jahre (du-)hast
Wie alt bist du?

Cum te cheamă?
wie dich (sie-)rufen
Wie heißt du?

De unde vii?
von wo (du-)kommst
Woher kommst du?

Ce este aceasta?
was ist diese(w, Ez)
Was ist das?

Îți / vă place ...?
dir / euch gefällt ...
Gefällt dir / Ihnen ...?

Ce faci / faceți?
was machst / (ihr-)macht
Was machst du / machen Sie?

Știi / știți ...
(du)weißt / (ihr-)wisst ...
Weißt du / Wissen Sie ...

Ce s-a întâmplat?
was sich-hat geschehen
Was ist los?

Ce dorești / doriți?
was (du-)wünschst / (ihr-)wünscht
Was möchtest du / möchten Sie?

Unde mergi / mergeți?
wo (du-)gehst / (ihr-)geht
Wohin gehst du / gehen Sie?

De unde vii / veniți?
von wo (du-)kommst / (ihr-)kommt
Woher kommst du / kommen Sie?

Verneinung

Aussagesätze werden verneint, indem man das Wort nu (nicht / nein) vor das Verb setzt. Antworten auf Fragen verneint man doppelt: nu wird erst als selbständiges „nein" und noch einmal als Verbverneinung „nicht" benutzt.

Einfach nur mit „nein" zu antworten, wäre unhöflich und ist auch nicht üblich.

nu (nein, nicht)

Am maşină.	**Nu, n-am maşină.**
(ich-)habe Auto	*nein nicht-(ich-)habe Auto*
Ich habe ein Auto.	Ich habe kein Auto.

Bei negativen Antworten auf Ja-Nein-Fragen reicht es auch oft aus, anstelle des ganzen Satzes nur das Verb in der entsprechend gebeugten Form zu wiederholen und dann ebenfalls das Wort nu voranzustellen. Auch hier wird die Verneinung meistens verdoppelt.

Ai maşină?	**Nu, nu am.**
(du-)hast Auto	*nein nicht (ich-)habe*
Hast du ein Auto?	Nein, habe ich nicht.

Wenn die Verneinung vor dem Verb a avea (haben) steht, kann das Verneinungswort nu auch in der Kurzform n- auftreten:

N-am ţigări.
nicht-(ich-)habe Zigaretten
Ich habe keine Zigaretten.

N-avem pâine acasă.
nicht-(wir-)haben Brot zu-Hause
Wir haben kein Brot zu Hause.

Bei der Verneinung kann das Verb a fi (sein) in der 1. und 3. Person Einzahl Kurzformen zeigen: nu-s statt nu sunt (ich bin nicht) und nu-i statt nu este (er / sie ist nicht).

Ausdrücke wie „niemand“, „nichts“, „niemals“ usw. verlangen im Rumänischen stets die doppelte Verneinung. Dabei stehen diese speziellen Verneinungswörter nach dem Verb, und zusätzlich noch nu vor dem Verb. Nimeni (niemand) wiederum steht oft am Anfang des Satzes; auch hier wird dann doppelt verneint.

Wassertalbahn bei Vişeu de Sus

nu ... nimic (nichts)

Nu ştii nimic.
nicht (du-)weißt nichts
Du weißt nichts.

Nu vrei nimic?
nicht (du-)willst nichts
Willst du nichts?

nu ... niciodată (niemals)

Acesta nu fac niciodată.
das nicht (ich-)mache niemals
Das mache ich niemals.

N-ai fost niciodată la Bucureşti?
nicht-(du-)hast gewesen niemals in Bukarest
Warst du niemals in Bukarest?

nu ... nicăieri (nirgendwo)

Nu-l găsesc nicăieri.
nicht-ihn (ich-)finde nirgendwo
Ich finde ihn nirgendwo.

Nu-i nicăieri?
nicht-(er-/sie-/es-)ist nirgendwo
Ist er / sie / es nirgendwo?

nimeni nu (niemand)

Nimeni nu este aici.
niemand nicht ist hier
Hier ist niemand.

Nu vine nimeni?
nicht kommt niemand
Kommt niemand?

Auffordern

Um jemanden zu etwas aufzufordern oder um etwas zu bitten, braucht man sich keine neuen Verbformen einzuprägen. Das ist nach dem Formenreichtum der rumänischen Sprache vielleicht ein kleiner Trost. Die Verbform, um eine einzelne Person aufzufordern, ist oft mit der Form der 3. Person Einzahl identisch:

(Tu) îmi dai sarea.	**Dă-mi sarea!**
(du) mir gibst Salz-die(w)	*gib-mir Salz-die(w)*
Du gibst mir das Salz.	Gib mir das Salz!

Die Aufforderung an mehrere Personen, die man duzt, oder an eine oder mehrere Personen, die man siezt, ist identisch.

Für mehrere Personen, die man duzt, braucht man die Verbform der 2. Person Mehrzahl (ihr):

(Voi) îmi dați o pâine.	**Dați-mi o pâine!**
(ihr) mir gebt eine Brot	*gebt-mir eine Brot*
Ihr gebt mir ein Brot.	Gebt mir ein Brot!

Personen, die man siezt, fordert man auch mit der Verbform der 2. Person Mehrzahl auf:

Ne dați o pâine.
uns gebt eine Brot
Sie geben uns ein Brot.

Dați-ne o pâine!
gebt-uns eine Brot
Geben Sie uns ein Brot!

Einige sehr gängige Aufforderungen sind:

hai!	los!
vino!	komm!
haide!	los schon!
haideți!	kommt doch!, kommen Sie!
du-te! / duceți-vă!	geh! / geht!, gehen Sie!
fii! / fiți!	sei! / seien Sie!

© Rumänisches Touristenamt

Mogoşoaia-Palast bei Bukarest

Bindewörter

Die Bindewörter (Konjunktionen) werden genauso wie im Deutschen verwendet.

şi	und, auch
sau	oder
ori ... ori	entweder ... oder
nici ... nici	weder ... noch
dar	aber
că, să	dass
căci	denn
dacă	wenn
de aceea	deshalb
iar	doch
întrucât	da
pentru că	weil

Athenäum in Bukarest

Verhältniswörter

Die Verwendung von Verhältniswörtern (Präpositionen) ist nicht allzu schwierig. Das Hauptwort steht meistens unverändert (also ungebeugt) und ohne den (angehängten) bestimmten Artikel nach dem jeweiligen Verhältniswort.

la	in, bei, zu, nach
pe	auf
de	von
lângă	neben
pentru	für
din	aus
între	zwischen
în	in
fără	ohne
peste	über
sub	unter
după	nach
despre	über *(Thema)*
spre	zu, nach
cu	mit
prin	durch

pe masă
auf Tisch
auf dem (*oder auch:* auf den) Tisch

în oraş
in Stadt
in der (*oder auch:* in die) Stadt

Diese Regel gilt jedoch nicht, wenn das Hauptwort durch hinweisende Fürwörter (dieser, jener) oder Eigenschaftswörter (z. B. „groß", „schön" usw.) näher bestimmt ist. Dann muss das Hauptwort nämlich mit Artikel stehen.

pe masa aceasta
auf Tisch-die diese(Ez)
auf diesem Tisch

în orașul mare
in Stadt-das groß(s)
in der großen Stadt

Folgt auf die Verhältniswörter în, din, prin ein Hauptwort mit unbestimmtem Artikel, so nehmen sie die Formen într-, dintr-, printr- an:

într-un oraș
in-ein Stadt
in einer Stadt

dintr-o casă
aus-eine Haus
aus einem Haus

printr-un oraș
durch-ein Stadt
durch eine Stadt

© JR

Käseverkäufer am Turnu-Roșu-Pass

Beugung der Hauptwörter

Die Beugung von Hauptwörtern ist viel weniger kompliziert als im Deutschen. Generell braucht man sich nur eine gebeugte Form des Hauptwortes zu merken.

1. – 4. Fall

Im Deutschen werden vier Fälle unterschieden:

1. Fall	Wer-Fall = Nominativ Frage: wer?, was? (z. B. „der Herr“)
2. Fall	Wes-Fall = Genitiv Frage: wessen? („des Herrn“)
3. Fall	Wem-Fall = Dativ Frage: wem? („dem Herrn“)
4. Fall	Wen-Fall = Akkusativ Frage: wen?, was? („den Herren“)

Im Rumänischen fallen jeweils der deutsche 1. und 4. Fall (Wer- und Wen-Fall) sowie der deutsche 2. und 3. Fall (Wes- und Wem-Fall) zusammen.

Das, was im Rumänischen dem deutschen 1. und 4. Fall entspricht, sind die Formen der Hauptwörter, wie sie in den vorangegangenen Kapiteln vorgestellt wurden. Der dem deutschen 2. und 3. Fall entsprechende rumänische Fall wird in den folgenden Kapiteln als „gebeugt“ bezeichnet.

Beugung mit unbestimmtem Artikel

Steht das Hauptwort mit dem unbestimmten Artikel, wird im Wesentlichen nur der Artikel gebeugt. Die Hauptwörter bleiben, mit einer Ausnahme, unverändert.

In der Einzahl wird bei männlichen und sächlichen Hauptwörtern das Wort unui (eines) und bei weiblichen das Wort unei (einer) dem zu beugenden Hauptwort vorangestellt. Das Hauptwort selbst steht dann in der unveränderten Einzahlform. Ausnahme: Die weiblichen Hauptwörter ändern bei der Beugung doch ihre Form; sie zeigen dann (scheinbar) die Mehrzahlform.

Diese gebeugten weiblichen Hauptwörter stehen natürlich nicht wirklich in der Mehrzahl, sondern zeigen eine Beugungsform der Einzahl, die aber stets mit der Mehrzahl identisch und deshalb leicht zu merken ist.

Bei der Beugung in der Mehrzahl wird dem Hauptwort stets das Wort unor (einiger) vorangestellt. Das Hauptwort selbst steht dann in der Mehrzahl.

	Einzahl	Mehrzahl
männlich	**unui domn**	**unor domni**
weiblich	**unei camere**	**unor camere**
sächlich	**unui hotel**	**unor hoteluri**

Beugung mit bestimmtem Artikel

Ein bestimmtes Hauptwort in der Einzahl wird gebeugt, indem man die Endung -ui an männliche und sächliche Hauptwörter, und -ei an weibliche Hauptwörter anhängt.

In der Mehrzahl wird bei allen drei grammatischen Geschlechtern die einheitliche Endung -lor an das Hauptwort angehängt. Außerdem muss man folgende Regel beachten: In der Mehrzahl werden die Hauptwörter in ihrer Grundform (also ohne die Endung des bestimmten Artikel) verwendet. Sie stehen dann natürlich auch in der Mehrzahl. In der Einzahl sieht das etwas anders aus: Für männliche und sächliche Hauptwörter nimmt man das Hauptwort mit der entsprechenden Endung für den bestimmten Artikel, für weibliche Hauptwörter nimmt man das Hauptwort in der (scheinbaren) Mehrzahl, allerdings in der Grundform (d. h. ohne Artikel-Endung). In einer Übersichtstabelle sieht das folgendermaßen aus:

Auch hier haben wir es eigentlich wieder mit der speziellen weiblichen Beugungsform der Einzahl zu tun, die aber nicht von der Mehrzahl unterscheidbar ist.

	Einzahl	Mehrzahl
männlich	**domnului** des Herrn	**domnilor** der Herren
weiblich	**camerei** des Zimmers	**camerelor** der Zimmer
sächlich	**hotelului** des Hotels	**hotelurilor** der Hotels

Das ist leider etwas kompliziert. In der Praxis wird man die gebeugte Form zumindest am Anfang wahrscheinlich lieber umgehen. Dennoch ist es gut, die Endungen wenigstens schon einmal gesehen zu haben.

Beugung von Eigennamen

Im Rumänischen können (wie auch im Deutschen) Eigennamen gebeugt werden. Außerdem tritt die Besonderheit auf, dass hier zwei zusätzliche Fälle unterschieden werden, nämlich der 4. Fall (Wen-Fall bzw. Akkusativ) und der Vokativ. Den Vokativ benutzt man, um Personen anzureden oder zu rufen. Deshalb ist dieser Fall auf Personennamen, Titel und ähnliche Bezeichnungen beschränkt. Eine Frau, die Maria heißt, sollte sich also nicht allzu sehr wundern, wenn sie auf einmal den Namen Mario erhält, wenn sie angesprochen wird. Es ist nur ihr Name in der Vokativform.

	männlich	weiblich
Grundform	**Emil**	**Maria**
wessen?,	**lui Emil**	**Mariei**
wem?	des / dem Emil	der Maria
wen?	**pe Emil**	**pe Maria**
	den Emil	die Maria
Vokativ	**Emile!**	**Mario!**
	Emil!	Maria!

Einige männliche Hauptwörter, die Personen bezeichnen, haben ebenfalls einen Vokativ:

Grundform	**domn**	**prieten**
	Herr	Freund
Vokativ	**domnule!**	**prietene!**
	mein Herr!	Freundchen!

„Zusammengesetzte“ Hauptwörter

Zusammengesetzte Hauptwörter werden im Rumänischen anders gebildet als im Deutschen. Ein wichtiger Unterschied ist außerdem, dass sie nicht wie im Deutschen zusammengeschrieben werden. „Zusammensetzungen“ werden gewöhnlich mit dem gebeugten Fall oder durch Verhältniswörter, meistens mit de (von), ausgedrückt:

Werden im Rumänischen Hauptwörter durch andere Hauptwörter näher beschrieben (ergänzt), entstehen Wortgruppen, die der Einfachheit halber als „zusammengesetzt“ bezeichnet werden, auch wenn sie nicht wie im Deutschen zusammengeschrieben werden.

harta orașului
Karte-die Stadt-des
der Stadtplan

carne de porc
Fleisch von Schwein
Schweinefleisch

Bei „zusammengesetzten“ Hauptwörtern ist eine Besonderheit der rumänischen Sprache zu beachten: Wenn das „zusammengesetzte“ Hauptwort mit dem unbestimmten Artikel steht, wird vor das Bestimmungswort der Zusammensetzung (hier: orașului) ein zusätzlicher besitzanzeigender Artikel gestellt.

Dabei ist zu beachten, dass der besitzanzeigende Artikel sich in Geschlecht, Zahl und Fall nach dem Grundwort der Zusammensetzung (hier: tur) richtet.

un tur al orașului
ein Rundfahrt der Stadt-des
eine Stadtrundfahrt

turul orașului
Rundfahrt-der Stadt-des
die Stadtrundfahrt

Die besitzanzeigenden Artikel lauten:

	Einzahl		Mehrzahl	
männlich	**al**	des	**ai**	der
weiblich	**a**	der	**ale**	der
sächlich	**al**	des	**ale**	der

Zahlen & Zählen

Die Formen unu und una benutzt man, wenn das Zahlwort kein Hauptwort direkt begleitet.

Die Grundzahlen 1, 2 und 12 haben verschiedene Formen: Bei männlichen und sächlichen Hauptwörtern verwendet man die Formen un (ein), doi (zwei) und doisprezece (zwölf), bei weiblichen Hauptwörtern die Formen o (eine), două (zwei) und douăsprezece (zwölf). Die „eins" hat auch noch die allein stehenden Formen unu (männl., sächl.) und una (weibl.).

Grundzahlen

0	**zero**	5	**cinci**
1	**unu / una; un / o**	6	**şase**
2	**doi / două**	7	**şapte**
3	**trei**	8	**opt**
4	**patru**	9	**nouă**

10	**zece**	15	**cincisprezece**
11	**unsprezece**	16	**şaisprezece**
12	**doisprezece / douăsprezece**	17	**şaptesprezece**
13	**treisprezece**	18	**optsprezece**
14	**paisprezece**	19	**nouăsprezece**

Die Grundzahlen 100 und 1000 werden selbst wie Hauptwörter behandelt und sind als solche weiblich.

20	**douăzeci**	80	**optzeci**
30	**treizeci**	90	**nouăzeci**
40	**patruzeci**	100	**o sută**
50	**cincizeci**	200	**două sute**
60	**şaizeci**	1000	**o mie**
70	**şaptezeci**	2000	**două mii**

un hotel
ein Hotel

o cameră
ein Zimmer

doi studenți
zwei Studenten

două camere
zwei Zimmer

doisprezece fii
zwölf Söhne

douăsprezece case
zwölf Häuser

Ab der Grundzahl 20 muss zusätzlich das Verhältniswort de (von) vor das gezählte Hauptwort gestellt werden.

nouăsprezece case
neunzehn Häuser
neunzehn Häuser

douăzeci și cinci de case
zwanzig und fünf von Häusern
fünfundzwanzig Häuser

zusammengesetzte Zahlen

Bei der Reihenfolge zusammengesetzter Zahlen muss man beachten, dass die Einerzahlen (1, 2, 3 usw.) am Ende der Zusammensetzung stehen, wobei sie mit dem Bindewort și (und) angeschlossen werden.

Anders als im Deutschen werden im Rumänischen nur die Zehnerzahlen und die Zahlen 11 bis 19 zusammen geschrieben.

patruzeci și cinci
vierzig und fünf
fünfundvierzig

trei sute patruzeci și cinci
drei hundert vierzig und fünf
dreihundertfünfundvierzig

o mie nouă sute nouăzeci și nouă
eine tausend neun hundert neunzig und neun
eintausendneunhundertneunundneunzig (1999)

Ordnungszahlen

Die Ordnungszahlen (z. B. 1., 2., 3. usw.) besitzen männlich-sächliche und weibliche Formen. Die männlichen und sächlichen Ordnungszahlen haben stets die Endung -lea und bekommen zusätzlich den („besitzanzeigenden") Artikel al vorangestellt; die weiblichen Ordnungszahlen haben die Endung -a und bekommen den Artikel a vorangestellt. Ausnahmen bilden nur die Ordnungszahlen primul (der erste) und prima (die erste).

primul	der erste	**prima**	die erste
al doilea	der zweite	**a doua**	die zweite
al treilea	der dritte	**a treia**	die dritte
al patrulea	der vierte	**a patra**	die vierte

Zusammengesetzte Ordnungszahlen werden in einem Wort geschrieben:

al douăzecișicincelea der 25.
a douăzecișicincea die 25.

Mengenangaben

Bei Mengenangaben wird gewöhnlich das Verhältniswort de (von) verwendet.

un kilogram de roșii
ein Kilo von Tomaten
ein Kilo Tomaten

un litru de lapte
ein Liter von Milch
ein Liter Milch

o sută de grame de...
eine hundert von Gramm von
hundert Gramm...

o duzină de
eine Dutzend von
ein Dutzend...

un pahar de bere
ein Glas von Bier
ein Glas Bier

o sticlă de vin
eine Flasche von Wein
eine Flasche Wein

bucată	Stück
mult	viel
puțin	wenig
mai puțin	weniger
cel puțin	wenigstens
cutie	Schachtel
tot	alles
destul	genug
atât	soviel
mai mult	mehr

Zeit, Uhrzeit & Datum

Hier zunächst die wichtigsten allgemeinen Zeitangaben bzw. Zeiteinteilungen.

allgemeine Zeitangaben

oră	Stunde
minută	Minute
secundă	Sekunde
lună	Monat
săptămână	Woche
an	Jahr
zi *(w)*	Tag
acum	jetzt
mai devreme	früher
mai târziu	später
dimineața	vormittags
după masă	nachmittags
seara	abends
azi	heute
ieri	gestern
alaltăieri	vorgestern
mâine	morgen
poimâine	übermorgen
curând	bald
deja	schon

acum trei luni	vor drei Monaten
peste patru ani	in vier Jahren
de o săptămână	seit einer Woche

Uhrzeit

Cât e ceasul?
wieviel ist Uhr-das
Wie viel Uhr ist es?

Este ora una / două / cinci.
(es-)ist Stunde-die eine(w) / zwei (w) / fünf
Es ist ein (*auch* 13) / zwei (14) / fünf (17) Uhr.

Da ora (Uhr, Stunde) ein weibliches Hauptwort ist, muss man immer die weiblichen Formen der Grundzahlen 1, 2 und 12 verwenden (auch in Zusammensetzungen).

La ce oră ...?
bei was Stunde
Um wieviel Uhr ...?

La ora ...
bei Stunde-die
Um ... Uhr

Die Minuten, Viertelstunden und halbe Stunden werden wie folgt ausgedrückt. Dabei benutzt man für die erste halbe Stunde stets das Wort şi (und) und für die zweite halbe Stunde das Wort fără (ohne).

nouă şi douăzeci şi trei
neun und zwanzig und drei
neun Uhr dreiundzwanzig

şapte şi jumătate
sieben und Hälfte
sieben Uhr dreißig

opt şi un sfert
acht und ein Viertel
Viertel nach acht

nouă fără cinci	**nouă fără un sfert**
neun ohne fünf	*neun ohne ein Viertel*
fünf vor neun	Viertel vor neun

Wochentage

Die Wochentage (zilele săptămânii) lauten:

luni	Montag
marți	Dienstag
miercuri	Mittwoch
joi	Donnerstag
vineri	Freitag
sâmbătă	Samstag
duminică	Sonntag
zi de sărbătoare	Feiertag
Tag von Fest	

Monate

Die Monate (luni) heißen:

ianuarie	Januar
februarie	Februar
martie	März
aprilie	April
mai	Mai
iunie	Juni
iulie	Juli
august	August
septembrie	September
octombrie	Oktober
noiembrie	November
decembrie	Dezember

Datum

Nach dem Datum fragt und antwortet man wie in den folgenden Sätzen:

Eine andere Variante, um nach dem Datum zu fragen, ist:
În câte e (azi)?

În cât avem azi?
in wieviel (wir-)haben heute
Der Wievielte ist heute?

În șapte ianuarie.
in sieben Januar
Der 7. Januar.

Jahreszeiten

Die Jahreszeiten (anotimpuri) werden genannt:

primăvară	Frühling
vară	Sommer
toamnă	Herbst
iarnă	Winter

Feiertage

Feiertage (sărbători) sind:

Crăciun	Weihnachten
Paști	Ostern
Rusalii	Pfingsten
Anul nou *Jahr-das neu*	Neujahr

Der Balea-Gletschersee im Făgăraş-Gebirge (Südkarpaten)

Kurz-Knigge

Seien Sie nie überheblich! Die Rumänen haben es auf wirtschaftlicher Ebene nach wie vor vielfach schwer, auch wenn seit dem Zusammenbruch der Ceauşescu-Diktatur mehr als zwei Jahrzehnte vergangen sind und das Land seit 2007 zur EU gehört. Sie sind sich der noch immer weit verbreiteten Armut in ihrem Land bewusst, deshalb verletzt sie Überheblichkeit oder gar Angeberei. Dennoch sind Rumänen technisch gut ausgebildet. Beeindruckend ist, dass sie oft mehrere Fremdsprachen beherrschen.

Üben Sie sich in Geduld, wenn es auch manchmal schwer fällt. Rumänen können unpünktlich sein. Gewöhnlich aber kommen sie mit höchstens einer Viertelstunde Verspätung, die sie sfertul academic (akademische Viertelstunde) nennen. Dabei müssen sie nicht immer selbst schuld sein. Öffentliche Verkehrsmittel sind nicht besonders zuverlässig. Auch in Gaststätten oder bei Behörden sollte man sich mit Geduld wappnen.

Selbst wenn es im Sommer sehr heiß sein kann, ziehen Sie sich bitte dezent an! Männer mit nacktem Oberkörper oder Frauen im Bikini werden nicht gerne auf der Straße gesehen. Besonders missbilligen Rumänen es, wenn man in dieser Aufmachung eine Kirche oder ein Kloster besucht.

Frauen (besonders älteren) gegenüber sollte man stets sehr höflich sein. Das wird hoch angerechnet.

Seien Sie großzügig, aber nicht großspurig! Sollte Ihnen ein Rumäne einen Dienst erweisen oder gar etwas schenken, revanchieren Sie sich entsprechend! Gastgeschenke werden gerade auf dem Land gern angenommen. Bedenken Sie aber auch, dass die Zeiten der Mangelwirtschaft vorbei sind. Ihre Geschenke sollten daher nicht wie „milde Gaben" wirken.

Anrede

Wenn man den Namen nicht kennt, spricht man fremde Personen wie folgt an:

domnule	mein Herr
doamna	meine Dame
domnişoara	mein Fräulein

Kennt man den Namen des Angesprochenen, verwendet man die bestimmte Form:

domnu' Ionescu	Herr Ionescu
doamna Popescu	Frau Popescu
domnişoara Olaru	Fräulein Olaru

Um jemanden zu siezen, verwendet man die 2. Person Mehrzahl (ihr), so als wollte man mehrere Personen ansprechen, die man duzt:

veniţi
(ihr-)kommt
ihr kommt / Sie kommen / kommen Sie!

Begrüßen & Verabschieden

Jugendliche begrüßen sich gewöhnlich mit salut! (heißt sowohl „hallo!“ als auch „tschüss!“). In Bukarest ist auch pa-pa (tschüss!) gebräuchlich.

Bună dimineața!	Guten Morgen!
Bună ziua!	Guten Tag!
Bună seara!	Guten Abend!
Salut!	Hallo!
La revedere!	Auf Wiedersehen!
Cu bine! *mit gut*	Leben Sie wohl!
Călătorie plăcută! *Reise angenehme*	Gute Reise!
Salut! / Pa-pa!	Tschüss!

Bitten, Danken, Wünschen

Hier die wichtigsten Höflichkeitsfloskeln, die man parat haben sollte.

Vă rog!
euch (ich-)bitte
Bitte!

Poftiți!
(ihr-)beliebt
Bitte sehr!

Mulțumesc!
(ich-)danke
Danke!

Mulțumesc frumos!
(ich-)danke schön
Danke schön!

Bitten, Danken, Wünschen

Vă rog, dați-mi un pahar de apă!
euch (ich-)bitte gebt-mir ein Glas von Wasser
Geben Sie mir bitte ein Glas Wasser!

Spuneți-mi, vă rog!
sagt-mir euch (ich-)bitte
Sagen Sie mir, bitte!

Permiteți-mi, vă rog!
erlaubt-mir euch (ich-)bitte
Gestatten Sie bitte!

Petrecere frumoasă!
Unterhaltung schöne
Gute Unterhaltung!

Călătorie plăcută!
Reise angenehme
Gute Reise!

Felicitări!
Glückwünsche
Herzlichen Glückwunsch!

Te / Vă felicit!
dich / euch (ich-)beglückwünsche
Ich beglückwünsche dich / Sie!

Altstadt von Sibiu

Floskeln & Redewendungen

Vielleicht haben Sie jetzt schon Mut gefasst und sprechen einfach einen Passanten auf Rumänisch an.

anreden

Fiţi amabil, unde este staţia de autobuz?
seid freundlich wo (sie-)ist Haltestelle-die von Bus
Seien Sie so freundlich, wo ist die Bushaltestelle?

Scuzaţi, unde se află un restaurant bun?
entschuldigt wo sich (es-)befindet ein Restaurant gutes
Entschuldigen Sie, wo befindet sich ein gutes Restaurant?

das erste Gespräch

Man wird sicherlich erkennen, dass Sie Ausländer sind. Dabei kann sich folgendes Gespräch ergeben:

Sunteţi străin/ă?
(ihr-)seid Ausländer/in
Sind Sie Ausländer/in?

Da, sunt.
ja (ich-)bin
Ja, bin ich.

Cum vă cheamă?
wie euch (sie-)rufen
Wie heißen Sie?

Care este numele tău / dumneavoastră?
welcher (er-)ist Name-der dein / Sie
Wie ist dein / Ihr Name?

Pot să vă prezint pe soțul meu / soția mea?
(ich-)kann dass euch (ich-)vorstelle auf Mann-der mein / Frau-die meine
Darf ich Ihnen meinen Mann / meine Frau vorstellen?

Acesta este prietenul meu.
dieser (er-)ist Freund-der mein
Das ist mein Freund.

Aceasta este prietena mea.
diese (sie-)ist Freundin-die meine
Das ist meine Freundin.

De unde sunteți?
von wo (ihr-)seid
Woher sind Sie?

Sunt din Germania.
(ich-)bin von Deutschland
Ich bin aus Deutschland.

Austria	Österreich	**Elveția**	Schweiz
Olanda	Holland	**Suedia**	Schweden

sich Entschuldigen

N-a fost intenția mea.
nicht-(es-)hat gewesen Absicht-die meine
Es war nicht meine Absicht.

Îmi pare rău.
mir (es-)scheint schlecht
Es tut mir Leid.

Vă rog să mă scuzați!
euch (ich-)bitte dass mich (ihr-)entschuldigt
Entschuldigen Sie bitte!

Befinden

Ce mai faci / faceți?
was noch (du-)machst / (ihr-)macht
Wie geht es dir / Ihnen?

Normalerweise antwortet man mit:

Mulțumesc, bine / nu prea bine / excelent!
(ich-)danke gut / nicht zu-sehr gut / ausgezeichnet
Danke, gut / nicht sehr gut / ausgezeichnet!

Sunt bolnav/ă / răcit/ă.
(ich-)bin krank/e / erkältet/e
Ich bin krank / erkältet. *(sagt Mann / Frau)*

Mi-e foame / sete.
mir-ist Hunger / Durst
Ich habe Hunger / Durst.

Nu mă simt bine.
nicht mich (ich-)fühle gut
Ich fühle mich nicht wohl.

Nu-mi merge bine.
nicht-mir (es-)geht gut
Es geht mir nicht gut.

Cred că sunt bolnav/ă.
(ich-)glaube dass (ich-)bin krank/e
Ich glaube, ich bin krank. *(sagt Mann / Frau)*

sich freuen / ärgern

Mă bucur.
mich (ich-)freue
Ich freue mich.

Sunt fericit/ă.
(ich-)bin glücklich/e
Ich bin glücklich.

Sunt supărat/ă.
(ich-)bin verärgert/e
Ich bin verärgert.

Sunt furios / furioasă.
(ich-)bin wütend/e
Ich bin wütend.

auffordern

Aşteaptă, te rog / Aşteptaţi, vă rog, un moment!
warte dich (ich-)bitte / wartet euch (ich-)bitte ein Moment
Warte / Warten Sie bitte einen Augenblick!

Arată-mi ...!
zeig-mir
Zeig mir ...!

Arătaţi-mi ...!
zeigt-mir
Zeigen Sie mir ...!

Dă-mi ...!
gib-mir
Gib mir ...!

Daţi-mi ...!
gebt-mir
Geben Sie mir ...!

Ajută-mă!
hilf-mir
Hilf mir!

Ajutaţi-mă!
helft-mir
Helfen Sie mir!

Destul!
genug
Genug!

zustimmen / ablehnen

Da, bine.
ja gut
Ja, gut.

Nu, prost.
nein schlecht
Nein, das geht nicht.

Cu plăcere.
mit Gefallen
Mit Vergnügen.

Bineînțeles.
gut-verstanden
Selbstverständlich.

În nici un caz!
in nicht ein Fall
Auf keinen Fall!

Nu se discută!
nicht sich (es-)diskutiert
Kommt nicht in Frage!

Ai dreptate.
(du-)hast Recht
Du hast Recht.

Aveți dreptate.
(ihr-)habt Recht
Sie haben Recht.

N-ai dreptate.
nicht-(du-)hast Recht
Du hast nicht Recht.

N-aveți dreptate.
nicht-(ihr-)habt Recht
Sie haben nicht Recht.

Îmi place.
mir (es-)gefällt
Es gefällt mir.

Nu-mi place.
nicht-mir (es-)gefällt
Es gefällt mir nicht.

(Nu) știu.
(nicht) (ich-)weiß
Ich weiß es (nicht).

(Nu) vreau.
(nicht) (ich-)will
Ich möchte (nicht).

Sunt foarte mulțumit/ă.
(ich-)bin sehr zufrieden/e
Ich bin sehr zufrieden. *(sagt Mann / Frau)*

Floskeln & Redewendungen

Manchmal reicht wie im Deutschen eine verneinende Vorsilbe (hier ne- oder im-) aus, um die Aussage negativ zu formulieren.

Sunt foarte nemulțumit/ă.
(ich-)bin sehr unzufrieden/e
Ich bin sehr unzufrieden. *(sagt Mann / Frau)*

Este posibil.
(es-)ist möglich
Es ist möglich.

Este imposibil.
(es-)ist unmöglich
Es ist unmöglich.

Sunt de acord.
(ich-)bin von Einverständnis
Ich bin einverstanden.

Nu sunt de acord.
nicht (ich-)bin von Einverständnis
Ich bin nicht einverstanden.

überrascht sein

Ce surpriză!
was Überraschung
Was für eine Überraschung!

Într-adevăr?
in-Wirklichkeit
Wirklich?

N-am știut.
nicht-(ich-)habe gewusst
Das habe ich nicht gewusst.

Nu m-am așteptat la aceasta.
nicht mich-(ich-)habe gewartet zu diese
Damit habe ich nicht gerechnet.

beurteilen

Această este ...
diese(w Ez) (es-)ist
Das ist ...

incredibil	unglaublich
îngrozitor	schrecklich
plăcut	angenehm
plicticos	langweilig
bine	gut
frumos	schön
în regulă	in Ordnung
imposibil	unmöglich
haios	lustig
drăguț	hübsch
fantastic	phantastisch
prost	schlecht
urât	hässlich
grozav	toll

Sympathie

Ești foarte drăguț/ă / simpatic/ă.
(du-)bist sehr nett/e / sympathisch/e
Du bist sehr nett / sympathisch.

Verwenden Sie die männliche Form des Eigenschaftswortes, wenn eine männliche Person angesprochen wird, und die weibliche Form für eine weibliche Person!

Aveți o familie drăguță.
(ihr-)habt eine Familie nette
Sie haben eine nette Familie.

Sunteți foarte amabil cu mine.
(ihr-)seid sehr freundlich mit mir
Sie sind sehr freundlich zu mir.

Übernachten

Mit einem Smartphone können Sie sich die mit einem gekennzeichneten Sätze dieses Kapitels anhören. Scannen Sie einfach den QR-Code mit Hilfe einer kostenlosen App (z. B. „Barcoo" oder „Scanlife").

Gewöhnlich wird in größeren Hotels Deutsch gesprochen. Falls nicht, kommt man mit Französisch oder Englisch weiter. Aber Sie möchten ja Rumänisch sprechen!

im Hotel

Aveți ... *(ihr-)habt*	Haben Sie ...?
Aş dori ... *(ich-)würde-haben wünschen*	Ich möchte ...
Am dori ... *(wir-)würden-haben wünschen*	Wir möchten ...

o cameră liberă *eine Zimmer freie*	ein freies Zimmer
o cameră single / de o persoană *eine Zimmer Single / von eine Person*	ein Einzelzimmer
o cameră dublă / de două persoane *eine Zimmer doppelte / von zwei Personen*	ein Doppelzimmer
pentru o noapte *für eine Nacht*	für eine Nacht
pentru trei nopți *für drei Nächte*	für drei Nächte

Cât costă o noapte?
wieviel (sie-)kostet eine Nacht
Wie viel kostet eine Übernachtung?

Cât doriți să rămâneți?
wieviel (ihr-)wünscht dass (ihr-)bleibet
Wie lange möchten Sie bleiben?

Micul dejun este inclus în preț?
klein-das Mittagessen (es-)ist inbegriffen in Preis
Ist das Frühstück im Preis inbegriffen?

Unde este toaleta / bala?
wo (sie-)ist Toilette-die / Bad-die
Wo ist die Toilette / das Bad?

Puteți să mă treziți la ora ...
(ihr-)könnt dass mich (ihr-)wecket zu Stunde-die
Können Sie mich um ... Uhr wecken?

Lipsește ...	Es fehlt ...
un pat *(s)*	ein Bett
o pătură	eine Decke
o plapumă	eine Steppdecke
un cearșaf *(s)*	ein Laken
o pernă	ein Kissen
un prosop	ein Handtuch
săpun	Seife
hârtie igienică	Toilettenpapier
apă caldă	warmes Wasser
apă rece	kaltes Wasser
cheia	der Schlüssel

privat

Rumänien ist angesichts der traditionellen Gastfreundschaft ein geeignetes Reiseland für

Urlaub in Privatquartieren, insbesondere auf dem Land. Anschriften von Privatvermietern sollte man sich am besten vom Reisebüro oder einer lokalen Fremdenverkehrsagentur geben lassen. In Bukarest, an der Schwarzmeerküste oder in Kurorten wird man oft auf den Bahnhöfen angesprochen, ob man ein Privatzimmer mieten möchte. In diesem Fall sollte man sich die Leute aber genau ansehen.

Doriți o cameră?
(ihr-)wünscht eine Zimmer
Möchten Sie ein Zimmer?

Doresc / dorim o cameră pentru o săptămână.
(ich-)wünsche / (wir-)wünschen eine Zimmer für eine Woche
Ich möchte / Wir möchten ein Zimmer für eine Woche.

Pot să folosesc baia dumneavoastră?
(ich-)kann dass (ich-)benutze Bad-die Sie
Darf ich Ihr Bad benutzen?

Pot să gătesc pentru mine?
(ich-)kann dass (ich-)koche für mich
Darf ich für mich kochen?

Camping

Campingplätze gibt es überall in der Nähe größerer Städte, in Urlaubsgebieten, Kur- und

Badeorten. Wildes Zelten ist grundsätzlich nicht verboten, doch gibt es Gegenden, in denen es nicht gestattet ist. Diese sind ausgeschildert: Campare interzisă (Zelten verboten). Allerdings sollte man es vermeiden, in abgeschiedener Natur zu zelten. Am besten fragt man in der Ortschaft, ob man auf einem Grundstück sein Zelt aufbauen darf. Dafür wird natürlich ein Entgelt verlangt.

Unde se află următorul camping?
wo sich (er-)befindet nächstes-das Campingplatz
Wo befindet sich der nächste Campingplatz?

Pot să-mi montez cortul în curtea dumneavoastră?
(ich-)kann dass-mir (ich-)montiere Zelt-das in Hof-die Sie
Kann ich mein Zelt auf Ihrem Hof aufbauen?

Pot să mă spăl la dumneavoastră?
(ich-)kann dass mich (ich-)wasche bei Sie
Kann ich mich bei Ihnen waschen?

Pot să mă duc la toaleta?
(ich-)kann dass mich (ich-)gehe zu Toilette-die
Kann ich zur Toilette gehen?

Unde pot să spăl nişte ciorapi / şosete?
wo (ich-)kann dass (ich-)wasche einige Strümpfe / Socken
Wo kann ich einige Strümpfe / Socken waschen?

Essen & Trinken

Hier die wichtigsten Bezeichnungen für Restaurants, Imbisse und Cafés in Rumänien:

Bufet Bufet heißen die Dorfkneipen. Hier trifft man das einfache Volk und kann leicht ein Gespräch anknüpfen. Oft wird man als Ausländer zu einem Umtrunk eingeladen. Doch sollte man nie vergessen, selbst auch eine Runde zu zahlen.

Bufet expres Bufet expres sind Selbstbedienungsgaststätten, wo man recht preiswert essen kann. Leider ist die Auswahl und Qualität der Speisen gering. Satt wird man aber auf jeden Fall.

Rotiserie, Snack-bar Rotiserie und snack-bar sind Imbissstuben, in denen man Gegrilltes bekommt.

Lacto-vegetarian Lacto-vegetarian heißen kleine Lokale, in denen man einfache Gerichte wie Rührei, überbackenen Käse, vegetarische Gerichte und – man lese und staune! – auch Fleischgerichte bekommt. Diese Gaststätten sind sehr preiswert und gewöhnlich sehr sauber. Für das Frühstück oder leichte Abendessen sind sie sehr zu empfehlen.

Cramă Wer einen guten Wein trinken will, geht in die cramă genannte Weinstube. Hier gibt es auch Grillgerichte, und gewöhnlich spielt eine Kapelle (taraf) rumänische Volksmusik. Dabei kann es vorkommen, dass der Solist zu einem Gast geht und ihm la ureche (ins Ohr) spielt, wofür er eine Belohnung erwartet.

Cofetărie

In der cofetărie (Konditorei) werden neben Kuchen auch Kaffee, Tee und Erfrischungsgetränke angeboten. Der Kaffee wird traditionell nach türkischer Art (cafea turcească) gekocht und ist sehr süß. Die Rumänen sind der Meinung, dass er schwarz wie der Teufel, heiß wie die Hölle und süß wie die Liebe sein muss! Die Kuchen sind ebenfalls sehr süß und mit viel Creme zubereitet. Es gibt aber auch Kuchen mit Sahne oder Früchten. In den Konditoreien wird oft ein Frühstück zum Pauschalpreis angeboten.

Aber natürlich findet man heute auch mehr und mehr „schickere" Kaffeezubereitungen wie Espresso.

o cafea	ein Kaffee
două cafele	zwei Kaffee
cu zahărul separat	mit separatem Zucker
mit Zucker-der separat	
cafea fără zahăr	Kaffee ohne Zucker
un mic dejun	ein Frühstück
ein klein Mittagessen	
o bucată de prăjitură	ein Stück Kuchen
ein Stück von Kuchen	

Restaurant

In größeren Gaststätten wird gewöhnlich Deutsch gesprochen. In vielen Restaurants spielt am Abend eine Kapelle. Wichtig: Viele Gaststätten schließen bereits um 22 Uhr, kleinere noch früher. Die letzte Bestellung wird eine halbe Stunde vor Geschäftsschluss entgegengenommen.

Aveți două locuri libere?
(ihr-)habt zwei Plätze freie
Haben Sie zwei Plätze frei?

Aduceți-mi, vă rog, lista de bucate!
bringt-mir euch (ich-)bitte Liste-die von Essen
Bringen Sie mir bitte die Speisekarte!

Șefule, nota de plată, vă rog!
Chef Notiz-die von Zahlung euch (ich-)bitte
Ober, die Rechnung, bitte!

In größeren Gaststätten wird ein Bedienungszuschlag von 10 bis 15 % erhoben. Trotzdem sollte man den Ober stets mit einem angemessenen bacșiș (Trinkgeld) bedenken. Was „angemessen" ist, hängt von einem selbst ab, man sollte jedoch nicht zu geizig sein.

Aș vrea ...
(ich-)habe mögen ...
Ich hätte gerne ...

Lipsește ...
(es-)fehlt ...
Es fehlt ...

cină	Abendbrot
oțet	Essig
sticlă	Flasche
mic dejun	Frühstück
furculiță	Gabel
pahar *(s)*	Glas
felul doi	das Hauptgericht
usturoi	Knoblauch
lingură	Löffel
cuțit *(s)*	Messer

dejun *(s)*	Mittagessen
desert *(s)*	Nachtisch
boia	Paprikapulver
piper	Pfeffer
sare *(w)*	Salz
solniță	Salzfass
șervețel *(s)*	Serviette
ulei	Speiseöl
ceașcă	Tasse
linguriță	Teelöffel
farfurie *(w)*	Teller
zahăr	Zucker

acru	sauer
amar	bitter
dulce	süß
iute	scharf
mai iute	schärfer
fiert	gekocht
înăbușit	gedünstet
prăjit	gebraten
bine prăjit	durchgebraten
proaspăt	frisch

Nationalgerichte

Die Rumänen sind sehr stolz auf ihre Nationalspeisen. Dabei wissen sie oft nicht, dass diese keine nur rumänischen Speisen sind, sondern – in Varianten – im gesamten Balkan- bzw. Donauraum genossen werden. Regional gibt es große Unterschiede. Ich habe hier eine Auswahl der Nationalgerichte getroffen.

Suppen

Supă ist die dem Deutschen geläufige Suppe mit Einlage, ciorbă ist hingegen eine säuerliche Suppe, die mit borş, einem gegorenen Kleiesaft, Zitronensaft oder Essig angesäuert ist.

supă cu fidea	Nudelsuppe
supă de fasole	Bohnensuppe
supă de legume	Gemüsesuppe
ciorbă de burtă	Kuttelsuppe
ciorbă de legume	Gemüsesuppe
ciorbă de perişoare	Fleischklößchensuppe
ciorbă de peşte	Fischsuppe
ciorbă de potroace	Hühnerkleinsuppe

fleischlos

caşcaval la capac
überbackener Hartkäse

caşcaval pane
panierter Hartkäse

Fleischgerichte

ardei umpluţi	gefüllte Paprika
chiftele	Hackfleischbällchen
musaca	Auflauf mit Hackfleisch, Auberginen und Kartoffeln
mici, mititei	gegrillte Hackfleischröllchen
pârjoale	Buletten
sarmale	Kohlrouladen mit Hackfleisch und Reis
varza a la Cluj	Sauerkraut mit Reis und Hackfleisch

Salate

murături	Mixed Pickles, v. a. eingelegte grüne Tomaten
salată de vinete	Auberginenmus
salată orientală	Salat mit Kartoffeln, Gemüse und Mayonnaise

Im Banat und in Siebenbürgen dominieren Gerichte ungarischer Herkunft, in der Moldau solche mit ukrainischen Einflüssen, und in der Walachei und der Dobrudscha türkische bzw. griechische Gerichte.

Für jene, die internationale Küche vorziehen, im Folgenden eine Liste gängiger Speisen:

Frühstück

unt	Butter	**cafea**	Kaffee
caşcaval	Hartkäse	**dulceață**	Konfitüre
salam	Hartwurst	**margarină**	Margarine
miere	Honig	**lapte**	Milch
iaurt	Jogurt	**şuncă**	Schinken

Mittag- & Abendessen

carne de batal	Hammelfleisch
carne de miel	Lammfleisch
carne de porc	Schweinefleisch
carne de vită	Rindfleisch
carne de vițel	Kalbfleisch
la grătar	vom Grill
cârnat	Bratwurst
pui	Hühnchen
ficat	Leber
limbă	Zunge
merluciu	Seelachs
crap	Karpfen

păstrăv	Forelle
cartofi prăjiți	Pommes frites
cartofi natur	Pellkartoffeln
ciuperci	Pilze
orez	Reis
salată verde	grüner Salat
salată de roșii	Tomatensalat
casată	Fürst-Pückler-Eis
înghețată	Eis
parfe	Parfait
fructe	Obst
prăjitură	Kuchen
tort	Torte

Im Weinladen

Getränke

Rumänien ist ein Weinland. Die rumänischen Weine zeichnen sich durch fruchtigen Geschmack und ein ausgeprägtes Bouquet aus. Zu den wichtigsten Traubensorten gehören Königliche Mädchentraube (Fetească regală), Riesling, Sauvignon, Chardonay, Cabernet und Aligoté. Weißweine kommen z. B. aus Odobeşti, Drăgăşani, Huşi, Panciu, Dealu Mare und Târnave. Rotweine stammen z. B. aus Nicoreşti, Murfatlar und Valea Călugărească. Als scharfes Nationalgetränk gilt ţuică (Pflaumenschnaps). Aber auch rachiu (Traubenbranntwein) wird gerne getrunken.

o ţuică mică (50 g)
eine Pflaumenschnaps kleine
o ţuică mare (100 g)
eine Pflaumenschnaps große
un pahar de ţuică (200 g)
ein Wasserglas von Pflaumenschnaps

Bei hochprozentigen Getränken wird stets in Gramm gerechnet.

bere *(w)*	Bier
rom *(s)*	Rum
lichior *(s)*	Likör
vodcă	Wodka
apă minerală	Mineralwasser
citronadă	Limonade
orangeadă	Orangensaft
suc *(s)*	Fruchtsaft
ceai	Tee
cafea	Kaffee

Zu Gast sein

Mit einem Smartphone können Sie sich die mit einem 👂 gekennzeichneten Sätze dieses Kapitels anhören.

Sind Sie von rumänischen Bekannten eingeladen worden, dann ist es unerlässlich, ein Geschenk mitzubringen. Wenn man für die Dame des Hauses zudem noch einen Blumenstrauß dabei hat, kann man sicher sein, dass man sofort herzlichst aufgenommen wird.

👂 **Aș vrea un buchet de trandafiri / garoafe / lalele.**
(ich-)würde-haben wollen ein Strauß von Rosen / Nelken / Tulpen
Ich hätte gern einen Strauß Rosen / Nelken / Tulpen. *(beim Kauf)*

Die Rumänen sind überaus gastfreundlich. Sie setzen ihren Gästen alles vor, was ihre Vorratskammer (auf dem Land) bzw. ihr Kühlschrank (eher in der Stadt) zu bieten hat.

Die Höflichkeit erfordert es, dass man zunächst alles Angebotene ablehnt.

👂 **Nu vă deranjați!**
nicht euch stört
Bemühen Sie sich nicht!

Erst bei der zweiten Aufforderung sollte man zugreifen. Dabei sollte man allerdings nicht vergessen, dass bei ärmeren Dorfbewohnern wahrscheinlich alle Vorräte der Familie auf dem Tisch stehen!

Wenn man wirklich nicht mehr weiteressen möchte, kann man dies so ausdrücken:

Îmi pare rău. Mulțumesc mult, dar sunt sătul.
mir (es-)scheint schlecht (ich-)danke viel aber (ich-)bin satt
Es tut mir Leid. Vielen Dank, aber ich bin satt.

Es ist üblich, dass Kaffee mit einem Glas Wasser auf den Tisch kommt, und auf dem Land auch hausgemachte Konfitüre (dulceață). Früher trank man auch viel Ersatzkaffee, denn echter Kaffee (cafea naturală) war oft Mangelware und überdies teuer. Werden Getränke kredenzt – gewöhnlich țuică (Pflaumenschnaps) oder rachiu (Tresterbrand) – darf man auf keinen Fall mit „Prosit" oder noch schlimmer mit „Prost" anstoßen, da letzteres Wort auf Rumänisch „doof" bedeutet. Richtig sagt man noroc (Glück) oder la mulți ani (auf viele Jahre = „Mögest du noch viele Jahre leben!").

Während des Besuchs kann sich folgendes Gespräch ergeben:

Permiteți-mi, soția mea / soțul meu.
erlaubt-mir Gattin-die meine / Gatte-der mein
Darf ich Ihnen meine Gattin / meinen Gatten vorstellen?

Îmi pare bine.
mir (es-)scheint gut
Es freut mich.

Şi mie.
und mir
Ganz meinerseits.

Sunteți german/ă?
(ihr-)seid Deutscher / Deutsche
Sind Sie Deutscher / Deutsche?

Nu, sunt austriac/ă / elvețian/ă.
nein (ich-)bin Österreicher/in / Schweizer/in
Nein, ich bin Österreicher/in / Schweizer/in.

Dar vorbiți bine românește!
aber (ihr-)sprecht gut auf-rumänisch
Aber Sie sprechen gut Rumänisch!

Nu vorbesc decât puțin / un pic.
nicht (ich-)spreche als wenig / ein bisschen
Ich spreche bloß ein wenig / ein bisschen.

Sunteți de mult în România?
(ihr-)seid seit viel in Rumänien
Sind Sie schon lange in Rumänien?

De câteva zile / săptămâni/ luni.
Seit einigen Tagen / Wochen / Monaten.

Vă place țara noastră?
euch (sie-)gefällt Land-die unsere
Gefällt Ihnen unser Land?

Da, îmi place foarte mult.
ja mir (sie-)gefällt sehr viel
Ja, es gefällt mir sehr.

Mai stați mult în România?
noch (ihr-)steht viel in Rumänien
Bleiben Sie noch lange in Rumänien?

Nu, doar patru zile / o săptămână.
Nein, nur vier Tage / eine Woche.

Da, încă două săptămâni / o lună.
Ja, noch zwei Wochen / einen Monat.

Vă arăt casa.
euch (ich-)zeige Haus-die
Ich zeige Ihnen das Haus.

hol	Diele, Flur
casă	Haus
bucătărie	Küche
dormitor	Schlafzimmer
toaletă	Toilette
grajd	Stall
apartament	Wohnung
sufragerie	Wohn-, Speisezimmer

Alter

Câți ani aveți?
wieviele Jahre (ihr-)habt
Wie alt sind Sie?

Am ... de ani.
(ich-)habe ... von Jahren
Ich bin ... Jahre alt.

Familie

bunic	Großvater	**bunică**	Großmutter
tată	Vater	**mamă**	Mutter
frate	Bruder	**soră**	Schwester
unchi	Onkel	**mătușă**	Tante
soț	Ehemann	**soție**	Ehefrau
fiu	Sohn	**fiică**	Tochter
nepot	Enkel, Neffe	**nepoată**	Enkelin, Nichte

Sunteți căsătorit/ă?
(ihr-)seid verheiratet/e
Sind Sie verheiratet?

Da, sunt.
ja (ich-)bin
Ja, bin ich.

Nu, nu-s.
nein nicht-(ich-)bin
Nein, bin ich nicht.

Aveți copii?
(ihr-)habt Kinder
Haben Sie Kinder?

Nu, încă n-am.
nein noch nicht-(ich-)habe
Nein, ich habe noch keine.

Da, am un băiat și o fată.
ja (ich-)habe ein Junge und eine Mädchen
Ja, ich habe einen Jungen und ein Mädchen.

Beruf

Ce profesie aveți?
was Beruf (ihr-)habt
Was sind Sie von Beruf?

Sunt șomer/ă.
ich-bin arbeitslos/e
Ich bin arbeitslos.

Sunt ...	Ich bin ...
angajat	Angestellter
angajată	Angestellte
muncitor	Arbeiter
muncitoare	Arbeiterin
medic	Arzt
funcționar	Beamter
funcționară	Beamtin
electrician	Elektriker
inginer	Ingenieur
soră medicală	Krankenschwester

agricultor	Landwirt
student	Student
studentă	Studentin
tehnician	Techniker
vânzător	Verkäufer
vânzătoare	Verkäuferin

bei Tisch

Serviți un pic de dulceață!
bedient ein bisschen von Konfitüre
Bedienen Sie sich ein bisschen von der Konfitüre!

Doriți o cafea?
(ihr-)wünscht eine Kaffee
Möchten Sie einen Kaffee?

Nu, mulțumesc.
nein (ich-)danke
Danke, nein.

Sunteți sigur/ă?
(ihr-)seid sicher/e
Wirklich nicht?

Ei da, dacă sunteți atât de amabil.
nun ja wenn (ihr-)seid so von freundlich
Nun ja, wenn Sie die Freundlichkeit haben.

Essen sollten Sie nie ausschlagen! Sie würden damit Ihre Gastgeber sehr kränken.

Serviți, vă rog!
bedient euch (ich-)bitte
Greifen Sie zu!

Da Rumäninnen ausgezeichnete Köchinnen sind (Ausnahmen bestätigen natürlich die Regel) und stundenlang am Kochherd stehen, um den Gästen aus Nichts etwas Gutes hervorzuzaubern, erwarten sie auch ein entsprechendes Lob!

Masa a fost foarte gustoasă / excelentă!
Tisch-die (sie-)hat gewesen sehr leckere / ausgezeichnete
Das Essen war sehr lecker / ausgezeichnet!

Auf keinen Fall soll man vom Tisch aufstehen, ohne sich zu bedanken:

Sărut mâna pentru masă!
(ich-)küsse Hand-die für Tisch
Danke fürs Essen!

Totul a fost excelent!
alles (es-)hat gewesen ausgezeichnet
Alles ist ausgezeichnet gewesen.

Man wird Ihnen sicherlich antworten:

Mai poftiți la noi!
noch (ihr-)beliebt bei uns
Schauen Sie noch mal bei uns vorbei!

Unterwegs

Wahrscheinlich wollen Sie sich zunächst in der Stadt orientieren und wissen, wo Sie alles finden. Die folgenden Sätze helfen weiter.

Mit einem Smartphone können Sie sich die mit einem gekennzeichneten Sätze dieses Kapitels anhören.

in der Stadt

Ce obiective turistice există aici?
was Objekte touristische (sie-)existieren hier
Was für Sehenswürdigkeiten gibt es hier?

Aş vrea să vizitez ...
(ich-)würde-haben wollen dass (ich-)besuche ...
Ich möchte ... besuchen.

medic	Arzt
expoziţie	Ausstellung
bancă	Bank
cetate	Burg
monument	Denkmal
casă memorială	Gedenkhaus
magazin	Geschäft
biserică	Kirche
spital	Krankenhaus
alimentară	Lebensmittelladen
piaţă	Markt
muzeu	Museum
palat	Palast
informaţii turistice	Touristeninformation

Hinweisschilder

deschis	geöffnet
închis	geschlossen
de vânzare	zu verkaufen
de închiriat	zu vermieten
trageți	ziehen
împingeți	drücken
intrare	Eingang
ieșire	Ausgang
Fumatul interzis!	Rauchen verboten!
Pericol de moarte! *Gefahr von Tod*	Lebensgefahr!

mit Nahverkehrsmitteln

Da die Fahrpreise für die verschiedenen Verkehrsmittel unterschiedlich sind, sollte man stets angeben, welches man benützen möchte.

Fahrscheine für Straßenbahnen, Busse oder Oberleitungsbusse erhält man an Kiosken, größeren Haltestellen, aber auch in Tabakläden (tutungerie). Dabei kann man Einzelscheine oder Kartenheftchen kaufen. Ein Einzelschein muss im Fahrzeug entwertet werden.

Fährt man in Bukarest mit der U-Bahn (metrou), muss man am Schalter Tickets erwerben. Diese gibt es auch als Mehrfahrtenkarten, Wochen- oder Monatskarten usw.

Unde este stația de ...?
wo (sie-)ist Haltestelle-die von ...
Wo ist die ...-Haltestelle?

Unde se găsesc bilete de ...?
wo sich (sie-)finden Karten von ...
Wo gibt es Karten für die / den ...?

autobuz	Bus
tramvai	Straßenbahn
troleibuz	Oberleitungsbus

Unde trebuie să cobor pentru ...?
wo (es-)muss-sein dass (ich-)aussteige für
Wo muss ich für ... aussteigen?

Când pleacă ...?
wann (er-)weggeht ...
Wann fährt ... ab?

autobuzul	*Autobus-der*	der Bus
tramvaiul	*Straßenbahn-der*	die Straßenbahn
troleibuzul	*O-Bus-der*	der O-Bus

Cât durează călătoria?
wieviel (sie-)dauert Reise-die
Wie lange dauert die Reise?

mit dem Zug

Fahrkarten gelten nur für den betreffenden Tag, für den sie gekauft worden sind. Deshalb sollte man beim Kartenkauf stets angeben, an welchem Tag man fahren möchte.

Personen- und Nahverkehrszüge haben keine Platzkarten. Für Schnell- und Eilzüge muss man Zuschläge für Plätze bzw. für die

Geschwindigkeit kaufen. Bei internationalen Fahrscheinen muss die Platzreservierung nachgekauft werden. Fahrkarten können bis zu zehn Tagen im Voraus gekauft werden.

Rumänen scheuen offene Zugfenster. Curent (Zugluft) ist ein Schreckenswort für sie, so dass in den Abteilen meist ein schrecklicher Mief herrscht.

Auf den Fahrplänen der Bahnhöfe sind Nahverkehrszüge mit schwarzer, Schnellzüge mit roter, Eilzüge mit grüner, und Intercity-Züge mit blauer Schrift ausgeschildert.

Fernreisebusse sind oft zuverlässiger und pünktlicher als Züge. Hier muss man in der Regel Sitzplätze im Voraus reservieren.

Unde este agenția de voiaj?
wo (sie-)ist Agentur-die von Reise
Wo ist der Fahrkartenvorverkauf?

Unde se află gara / peronul numărul ...?
wo sich (sie-/er-)befindet Bahnhof-die / Bahnsteig-der Nummer-der ...
Wo befindet sich der Bahnhof / der Bahnsteig Nummer ...?

Când pleacă trenul spre ...?
wann (er-)weggeht Zug-der gegen ...
Wann fährt der Zug nach ... ab?

Vreau să rezervez un loc / două locuri.
(ich-)will dass (ich-)reserviere ein Platz / zwei Plätze
Ich möchte einen Platz / zwei Plätze reservieren.

Un bilet clasa întâia / a doua până la ...
ein Karte Klasse-die erste / die zweite bis zu
Eine Karte erster / zweiter Klasse nach ...

Când soseşte trenul la ...?
wann (er-)eintrifft Zug-der bei
Wann trifft der Zug in ... ein?

Trebuie să schimb trenul?
(es-)muss-sein dass (ich-)wechsle Zug-der
Muss ich umsteigen?

De pe care peron pleacă trenul?
von auf welcher Bahnsteig (er-)weggeht Zug-der
Von welchem Bahnsteig fährt der Zug ab?

Trenul are întârziere.
Zug-der (er-)hat Verspätung
Der Zug hat Verspätung.

Pot să deschid geamul?
(ich-)kann dass (ich-)öffne Fenster-das
Kann ich das Fenster öffnen?

accelerat	Schnellzug
personal	Personenzug
agenţie CFR	Vorverkaufsstelle
întârziere	Verspätung
fumători	Raucher
nefumători	Nichtraucher
bilet	Fahrkarte
ghişeu de bilete	Schalter
mersul trenurilor	Fahrplan

mit dem Taxi

Nach dem Ende des Realsozialismus gab es einen Boom an „wilden“ Privattaxis. Laut Gesetz dürfen aber mittlerweile nur noch lizenzierte Fahrer tätig sein, und alle Taxis müssen mit Taxametern ausgestattet sein (und diese auch benutzt werden). Bestehen Sie darauf, dass der Fahrer das Gerät einschaltet!

Sunteți liber?
(ihr-)seid frei
Sind Sie frei?

Cât costă până la ...?
wieviel (es-)kostet bis zu
Wie viel kostet es bis ...?

Aş vrea să plec la ...
(ich-)-würde-haben wollen dass (ich-)weggehe zu
Ich möchte nach ... fahren.

Puneți aparatul de taxare!
stellt-ein Apparat-das von Taxierung
Stellen Sie den Taxameter ein!

Nu funcționează.
nicht (es-)funktioniert
Er funktioniert nicht!

Mergeți drept înainte / la stânga / la dreapta!
geht gerade vorwärts / nach links / nach rechts
Fahren Sie geradeaus / nach links / nach rechts!

Opriți aici!
haltet hier
Halten Sie hier!

Aşteptați puțin!
wartet wenig
Warten Sie einen Moment!

mit dem Flugzeug

Internationale Flughäfen befinden sich in Bukarest / Otopeni, Constanţa / Kogălniceanu, Timişoara, Sibiu (Hermannstadt) und Oradea (Großwardein). Das Netz der Inlandsverbindungen ist relativ gut ausgebaut. Man sollte sich rechtzeitig Flugtickets besorgen, da die Flüge schnell ausgebucht sind.

aeroport	Flughafen
avion	Flugzeug
cursă	Flug
decolare	Abflug

mit dem Schiff

Will man das überaus sehenswerte Donaudelta besuchen, muss man schon mit dem Schiff fahren, dem einzigen Verkehrsmittel in diesem Landstrich. Schiffe verkehren jedoch auch auf der rumänischen Donau. Auf einigen größeren Binnenseen gibt es Vergnügungsdampfer, die kleinere Kreuzfahrten unternehmen.

croazieră	Kreuzfahrt
port maritim	Hochseehafen
port fluvial	Flusshafen
rachetă	Tragflächenboot
vaporaş	Vergnügungsdampfer

Im Donaudelta besteht die Möglichkeit, sich in einem Fischerboot (lotcă) stundenweise durch die Kanäle spazieren fahren zu lassen. Als Zahlungsmittel fungiert zuweilen auch russischer Wodka. Die Fischer des Donaudeltas sind vorwiegend Russen (altgläubige Lipowener) und schätzen dieses Getränk sehr.

Vreau să închiriez o lotcă pentru două / patru ore.
(ich-)will dass (ich-)miete eine Boot für zwei / vier Stunden
Ich möchte ein Boot für zwei Stunden / einen Nachmittag mieten.

mit dem Auto

Eine Autofahrt durch Rumänien kann sehr aufregend sein! Erstens sind die Nebenstraßen gewöhnlich in einem schlechten Zustand, und zweitens kann man dort nach Regengüssen schon einmal im Morast stecken bleiben. Internationale Hauptstraßen sind gewöhnlich in gutem Zustand. Autobahnen sind noch immer selten. Die Verkehrszeichen entsprechen der internationalen Norm.

In Rumänien herrscht generelle Vignettenpflicht für das gesamte Fernstraßennetz. Die Straßenmaut ist aber recht moderat. Übrigens existiert diese Rovinieta *seit Herbst 2010 gar nicht mehr in Form eines Stickers, sondern ist ganz ultramodern eine virtuelle Vignette mit elektronischer Registrierung.*

Viele rumänische Autofahrer halten sich nicht genau an die Verkehrsregeln, so dass man sehr vorsichtig fahren sollte. Besonders gefährlich kann eine Fahrt während der Dunkelheit sein, da auf den Landstraßen recht viele Pferdewagen verkehren, die zumeist keinerlei Beleuchtung besitzen.

Sehr wichtig: Alkoholgenuss am Steuer ist auch in den geringsten Mengen verboten.

sens unic	Einbahnstraße
Parcare oprită!	Parken verboten!

Cum ajung la București?
wie (ich-)gelange zu Bukarest
Wie komme ich nach Bukarest?

Unde se află următoarea stație de benzină / următorul atelier auto?
wo sich (sie-)befindet nächste-die Station von Benzin / nächstes-das Werkstatt Auto
Wo befindet sich die nächste Tankstelle/ nächste Autowerkstatt?

benzină	Benzin
ulei	Dieselöl
motorină	Motoröl
apă distilată	destilliertes Wasser
vehicol	Fahrzeug
autoturism	PKW
camion	LKW
mașină	Wagen
stradă	Straße
șosea	Landstraße
loc de parcare	Parkplatz
semafor	Verkehrsampel
garaj	Garage
atelier auto	Autowerkstatt

Panne & Werkstatt

Mit der steigenden Zahl moderner westlicher Autos auf rumänischen Straßen hat sich auch die Versorgungssituation mit Ersatzteilen deutlich verbessert. Dennoch kann es gerade auf dem Land zu Engpässen kommen. Man kann zwar über den Rumänischen Automobilclub (ACR) Ersatzteile im Ausland bestellen, doch es dauert seine Zeit, bis sie eintreffen. Der ACR verfügt über gelbe Engel, doch gibt es keine Notrufstellen auf den Straßen, so dass man oft stundenlang stecken bleiben kann.

In solchen Fällen ist es angebracht, einen Wagen anzuhalten und sich gegen ein Entgelt abschleppen zu lassen. Dazu sollte man stets ein Abschleppseil bei sich haben. LKW-Fahrer verfügen gewöhnlich über ein sehr gutes technisches Wissen und sind gegen Geld oder ein Geschenk (Zigaretten, Getränke, Kaffee usw.) stets bereit, eine kleinere Panne sofort zu beheben.

Am o pană!
(ich-)habe eine Panne
Ich habe eine Panne!

Puteți să mă remorcați până la următorul atelier auto?
(ihr-)könnt dass mich (ihr-)schleppet-ab bis zu nächstes-das Werkstatt Auto
Können Sie mich bis zur nächsten Autowerkstatt abschleppen?

Puteți să-mi reparați mașina?
(ihr-)könnt dass-mir (ihr-)reparieret Wagen(Ez)-die
Können Sie mir den Wagen reparieren?

Când puteți să fiți gata?
wann (ihr-)könnt dass (ihr-)seiet fertig
Wann können Sie fertig sein?

Mașina mea se află la ...
Wagen(Ez)-die meine sich (sie-)befindet bei
Mein Wagen befindet sich in ...

Încărcați-mi acumulatorul!
ladet-mir Akkumulator-das
Laden Sie mir die Batterie auf!

Reglați carburatorul!
reguliert Vergaser-das
Stellen Sie den Vergaser ein!

Schimbați bujiile!
tauscht Zündkerzen-die
Tauschen Sie die Zündkerzen aus!

Umpleți-mi camera!
füllt-mir Kammer-die
Pumpen Sie die Reifen auf!

Werkzeug & Ersatzteile

cablu de remorcare *Kabel von Abschleppung*	Abschleppseil
ax	Achse
starter, demaror	Anlasser
frână	Bremse
piese de schimb *Stücke von Tausch*	Ersatzteile
bec pentru ... *Glühbirne für*	Glühbirne für ...
ciocan	Hammer
curea trapezoidală *Riemen trapezförmige*	Keilriemen
ambreiaj	Kupplung
anvelopă	Reifen
canistră de rezervă *Kanister von Reserve*	Reservekanister
cameră *Kammer*	Schlauch *(Reifen)*
șurub	Schraube
cheie franceză *Schlüssel französische*	Schraubenschlüssel
șurubelniță	Schraubenzieher
siguranță	Sicherung
cric	Wagenheber
clește	Zange
bujie	Zündkerze

a petici	flicken
stricat	kaputt
a suda	schweißen

als Tramper

Trampen ist wegen des weitmaschigen öffentlichen Verkehrssystems sehr beliebt. Allerdings rechnet der Fahrer damit, dass ihm die Fahrt vergütet wird. Gewöhnlich zahlt man ein Viertel weniger als den üblichen Fahrkartenpreis.

Weibliche Tramper sollten nie allein reisen, da viele männliche Rumänen – besonders junge – der Ansicht sind, dass sie auf Ausländerinnen eine unwahrscheinliche Anziehungskraft ausüben.

Aş vrea să merg la ...
(ich-)würde-haben wollen dass (ich-)gehe nach
Ich möchte nach ...

Mă luaţi cu dumneavoastră?
mich (ihr-)nehmt mit Sie
Nehmen Sie mich mit?

Până unde mergeţi?
bis wo (ihr-)geht
Bis wohin fahren Sie?

Mergeţi spre ...?
(ihr-)geht gegen
Fahren Sie nach ...?

Vreau să cobor aici.
(ich-)will dass (ich-)aussteige hier
Ich möchte hier aussteigen.

Opriţi aici!
haltet hier
Halten Sie hier!

Opriţi imediat!
haltet sofort
Halten Sie sofort!

Einkaufen

Mit einem Smartphone können Sie sich die mit einem 👂 gekennzeichneten Sätze dieses Kapitels anhören.

In der Vergangenheit dachte man beim Stichwort Einkaufen in Rumänien meist an Liefermängel, Warteschlangen und Rationierungskarten. Heutzutage ist alles anders. In den Großstädten gibt es moderne Einkaufszentren, ansonsten Supermärkte, dörfliche Gemischtwarenläden und zahlreiche Non-Stop-Kioske. Auch die Bauernmärkte lohnen einen Besuch. Diese können noch immer „urwüchsiger“ wirken als Märkte im Westeuropa.

program	Öffnungszeiten
deschis	geöffnet
închis	geschlossen

Gelegentlich findet man Läden geschlossen vor. Meist ist an der Ladentür ein Zettel angebracht, der die Schließung begründet.

concediu	Urlaub
Primim marfă.	Warenübernahme
(wir-)bekommen Ware	
inventar	Inventur
Vin imediat!	Komme gleich zurück!
(ich-)komme gleich	

Ladenbezeichnungen

magazin	Laden
magazin universal	Warenhaus
alimentară	Lebensmittelladen
artă populară	Volkskunst
artizanat	Kunstgewerbe
consignație	An- und Verkauf
electrice	Elektrowaren
mercerie	Kurzwaren
librărie	Buchhandlung
obiecte casnice	Haushaltswaren
farmacie	Apotheke

Unde pot să cumpăr ...?
wo (ich-)kann dass (ich-)kaufe ...
Wo kann ich ... kaufen?

Einkaufsliste

Aş vrea să cumpăr ...
(ich-)würde-haben wollen dass (ich-)kaufe ...
Ich möchte ... kaufen.

Cât costă ...?
wieviel (es-)kostet ...
Wie viel kostet ...?

(Nu) iau acesta.
(nicht) (ich-)nehme dies
Ich nehme dies (nicht).

pâine	Brot
chiflă	Brötchen
biscuiți	Keks
unt	Butter
napolitane	Waffeln

ulei	Speiseöl
brânză	Käse
caşcaval	Hartkäse
telemea	Schafskäse
lapte	Milch
zară	Buttermilch
frişcă	Sahne
chefir	Kefir
miere	Honig
marmeladă	Marmelade
cârnat	Wurst
cârnăciori	Würstchen
carne de vită	Rindfleisch
Fleisch von Rind	
carne de porc	Schweinefleisch
Fleisch von Schwein	
pui	Hühnchen
salam	Salami
peşte	Fisch
ouă *(Mz)*	Eier
legume *(Mz)*	Gemüse
vin	Wein
fructe *(Mz)*	Obst
oţet	Essig
zahăr	Zucker
sare	Salz
chibrituri *(Mz)*	Streichhölzer
ţigări *(Mz)*	Zigaretten
hârtie igienică	Toilettenpapier
Papier hygienische	
vată	Watte
ulei de plajă	Sonnenöl
Öl von Strand	

Vreau să mă uit numai un pic.
(ich-)will dass mich (ich-)gucke nur ein bisschen
Ich möchte mich bloß mal umgucken.

Souvenirs

Als Andenken an den Urlaub bieten sich einheimisches Kunsthandwerk, Lederwaren und Musik-CDs an.

bluză	Bluse
portofel	Brieftasche
poșetă	Handtasche
față de pernă *Gesicht von Polster*	Kissenüberzug
piele	Leder
disc	Schallplatte
broderie	Stickerei
covor	Teppich
ștergar	Tischläufer
față de masă *Gesicht von Tisch*	Tischtuch

Kunstvoll bemalte Eier

Polizei & Behörden

Grenz- und Zollbeamte sprechen in der Regel Deutsch. Die An- und Abmeldung erfolgt in den Hotels und Campingplätzen automatisch. Wohnt man privat, so besorgt das der betreffende Gastwirt.

bei der Polizei

Unde este poliția?
wo (sie-)ist Polizei-die
Wo ist hier die Polizeidienststelle?

Mi s-au furat ...
mir sich-(sie-)haben gestohlen ...
Mir wurde/n ... gestohlen.

banii	*Münzen-die*	das Geld
paşaportul	*Pass-das*	der Reisepass
hainele	*Kleider-die*	die Kleider

Auf der Polizei wird ein Protokoll in rumänischer Sprache aufgesetzt. Es empfiehlt sich hierbei, einen Dolmetscher zu besorgen.

Bank, Post & Telefonieren

Geld kann man in den größeren Hotels oder an den unzähligen Wechselschaltern, die überall zu finden sind, wechseln. Vor dem Geldwechsel auf der Straße sei gewarnt. Viele Schwarzwechsler sind Betrüger, und man sollte sehr genau wissen, wie viel man für sein Geld (bani, nur *Mz*) in der Bank bekommen würde.

Oder man bezieht sein Bargeld direkt aus dem Geldautomaten (bancomat). *Diese sind auch in Rumänien mittlerweile flächendeckend vorhanden.*

Die rumänische Währungseinheit ist der leu (Löwe).

1 **leu** (*Mz* **lei**) = 100 **bani**

Unde este un ghișeu de schimb?
wo (er-)ist ein Schalter von Wechsel
Wo ist ein Wechselschalter?

Pot să schimb și cecuri?
(ich-)kann dass (ich-)wechsele auch Schecks
Kann ich auch Schecks wechseln?

Care este cursul valutar?
welches (es-)ist Kurs-das valutär
Welches ist der Wechselkurs?

Vreau să schimb ...
(ich-)will dass (ich-)wechsele ...
Ich möchte ... wechseln.

Post & Telefonie

Auf der Post kann man auch Briefpapier, Briefumschläge und Ansichtskarten kaufen. All dies kann man übrigens auch in Hotels oder auf den Campingplätzen erhalten.

Es gibt auch noch ältere öffentliche Münztelefone. Damit sind allerdings keine Auslandsgespräche möglich.

Das Telefon-Festnetz in Rumänien ist in den letzten Jahren modernisiert worden. Fern- und Auslandsgespräche sind von den blauen Kartentelefonen, auf denen interurban steht, möglich. Die Telefonkarten erhält man u. a. an Kiosken. Mit dem Mobiltelefon (mobil, auch celular) ist heutzutage alles noch viel einfacher geworden.

convorbire interurbană	Ferngespräch
cabină telefonică	Telefonzelle
carte poştală	Postkarte
colet	Paket
ilustrată, vedere	Ansichtskarte
plic	Briefumschlag
scrisoare expres	Eilbrief
recomandată	Einschreiben
scrisoare simplă	einfacher Brief
timbru poştal	Briefmarke

Doresc timbre pentru o scrisoare în Germania.
(ich-)wünsche Briefmarken für eine Brief in Deutschland
Ich möchte Briefmarken für einen Brief nach Deutschland.

Jugendstil-Hauseingang

Vreau o convorbire telefonică cu ...
(ich-)will eine Gespräch telefonische mit ...
Ich möchte eine Fernsprechverbindung mit ...

Aici este numărul de telefon.
hier (es-)ist Nummer-das von Telefon
Hier ist die Telefonnummer.

Am Meer & Im Gebirge

Mit einem Smartphone können Sie sich die mit einem 👂 gekennzeichneten Sätze dieses Kapitels anhören.

Für einen Urlaub am Meer sind folgende Sätze und Vokabeln hilfreich.

👂 **Unde este plaja?**
wo ist Strand-die
Wo ist der Strand?

👂 **Scăldatul interzis!**
Baden-das verboten
Baden verboten!

a face baie	baden
a înota	schwimmen
barcă de salvare	Rettungsboot
colac de salvare	Rettungsring
nisip	Sand
parasol	Sonnenschirm
şezlong	Liegestuhl
insolaţie	Sonnenstich
salvamar	Rettungsdienst
scoică	Muschel
val	Welle
vapor	Schiff
curent	Strömung

Für FKK-Fans gab es früher durch hohe Bretterwände oder sogar Mauern vom übrigen Strand abgeteilte Nacktbadestrände, solariu (Solarium) genannt, wo streng nach Männlein und Weiblein getrennt gebadet wurde. Heutzutage gibt es dagegen nur noch bestimmte, meist abgelegene Strände, an denen das Nacktbaden gewohnheitsmäßig praktiziert wird.

im Gebirge

Entlang der Wanderpfade in den Karpaten gibt es genügend Schutzhütten (cabană) oder auch unbewirtschaftete Übernachtungshütten (refugiu). Oft kommt man im Gebirge an Sennhütten (stână) vorbei, wo man bei meist freundlichen Hirten übernachten kann. Doch Achtung vor den Hunden, die stets die Schafherden begleiten: Sie können sehr bissig sein! Bei den Hirten kann man oft frischen Schafskäse oder Molke erstehen. Die Wegmarkierungen sind meist gut, und eine Bergwacht gibt es in den meisten Gebirgsmassiven.

brânză	Käse
urdă	süßer Schafskäse
zer, jintiță	Molke

Der „normale" Schafskäse heißt brânză telemea.

Cât mai este până la cabana ...?
wieviel mehr (es-)ist bis zu Hütte-die ...
Wie weit ist es noch bis zur Hütte ...?

Ce marcaj duce la ...?
was Markierung (es-)führt nach ...
Welche Wegmarkierung führt nach ...?

M-am rătăcit.
mich-(ich-)habe verirrt
Ich habe mich verlaufen!

Arătați-mi poteca spre ...!
zeigt-mir Pfad-die zu
Zeigen Sie mir den Pfad nach ...!

copac	Baum
salvamont	Bergwacht
teleferic	Drahtseilbahn
stâncă	Felsen
vârf	Gipfel
câine	Hund
ceață	Nebel
ploaie	Regen
zăpadă	Schnee
telecabină	Seilbahn
lac	See
telescaun	Sessellift
furtună	Sturm
vale	Tal
intemperie	Unwetter
pădure	Wald
potecă	Wanderpfad
cascadă	Wasserfall
nori	Wolken

Bootsanleger von Sfântu Gheorghe im Donaudelta

Nachtleben

Das Nachtleben hat sich in den großen Städten Rumäniens erst in den letzten Jahren stärker entwickelt. Manche Bars schließen schon um 1 Uhr. Hingegen lohnt es sich, ein Konzert oder die Oper zu besuchen. Die Rumänen verfügen über hervorragende Solisten. Auch eine Folkloredarbietung sollte man sich nicht entgehen lassen. Karten erhält man gewöhnlich an der Abendkasse. Doch ist es ratsam, eine halbe Stunde vor Beginn der Vorstellung zu kommen und – sollte es keine Karten mehr geben – die Leute anzusprechen:

Mai aveți un bilet în plus?
mehr (ihr-)habt ein Eintrittskarte in plus
Haben Sie noch eine Karte übrig?

Când începe spectacolul de folclor?
wann (es-)beginnt Vorstellung-das von Folklore
Wann beginnt die Folkloredarbietung?

discotecă	Disco
cinema	Kino
concert	Konzert
bar de noapte *Bar von Nacht*	Nachtlokal
operă	Oper
teatru	Theater

Liebesgeflüster

Rumänen sind Südländer und üben auf Mädchen aus nördlichen Regionen oftmals einen großen Reiz aus. Das wissen manche sehr gut, und deshalb schwärmen sie im Sommer in die Seebäder und im Winter in die Gebirgskurorte aus, um einen „Fang" zu machen. Oft sprechen sie ein paar Brocken einer Weltsprache und bandeln sehr schnell an. Im Volksmund werden sie pește (Fisch) genannt. Werden sie besonders aufdringlich, kann man sagen:

Lasă-mă în pace!
lass-mich in Frieden
Lass mich zufrieden!

Pleacă de aici!
geh-weg von hier
Hau ab!

Vreau să fiu singură!
(ich-)will dass (ich-)sei alleine(w)
Ich möchte allein sein! *(sagt Frau)*

Sunt cu soțul meu.
(ich-)bin mit Mann-der mein
Ich bin mit meinem Mann da.

Du-te, labagiule! *(vulgär)*
geh-dich Wichser
Weg mit dir, du Wichser!

Allerdings kann es schon mal vorkommen, dass man solch einer dunkelhäutigen, glutäugigen Schönheit nicht widerstehen kann und Amors Pfeil seine Wirkung tut.

Îmi placi foarte mult.
mir (du-)gefällst sehr viel
Du gefällst mir sehr.

Ne vedem deseară?
uns (wir-)sehen heute-abend
Treffen wir uns heute Abend?

Bem o cafea împreună?
(wir-)trinken eine Kaffee gemeinsam
Wollen wir zusammen einen Kaffee trinken?

Să ne plimbăm puțin?
dass uns (wir-)spazieren wenig
Wollen wir ein wenig spazieren gehen?

Vrei să dansăm undeva?
(du-)willst dass (wir-)tanzen irgendwo
Willst du, dass wir irgendwo tanzen?

Ai păr frumos / ochi frumoși / un corp minunat!
(du-)hast Haar schön / Augen schöne / ein Körper wunderbar
Du hast schönes Haar / schöne Augen / einen wunderbaren Körper!

Ești drăguț/ă.
(du-)bist nett/e
Du bist nett.

Te iubesc.
dich (ich-)liebe
Ich liebe dich.

Să ne culcăm împreună.
dass uns (wir-)niederlegen zusammen
Wollen wir zusammen schlafen?

Azi nu!
heute nicht
Heute nicht!

Ai prezervative?
(du-)hast Präservative
Hast du Präservative?

Fröhlicher Friedhof in Săpânța

Fotografieren

Halten Sie Ihren Fotoapparat nicht einfach auf alles, was sich bewegt. Respektieren Sie, dass sich die Leute gestört fühlen können, wenn Sie fotografiert werden, ohne vorher gefragt zu werden.

Sie sollten keine Brücken, Polizei, Soldaten oder militärische Anlagen fotografieren.

Pot să vă fotografiez?
(ich-)kann dass euch (ich-)fotografiere
Darf ich Sie fotografieren?

Puteți să ne faceți o poză?
(ihr-)könnt dass uns (ihr-)machet eine Aufnahme
Könnten Sie wohl ein Foto von uns machen?

aparat de fotografiat	Fotoapparat
film	Film
negativ	Negativ
film color	Farbfilm
film diapozitiv	Diafilm
aparat foto digital	Digitalkamera
a fotografia	fotografieren
a developa	entwickeln

O copie după fiecare negativ.
eine Kopie nach jedes Negativ
Ein Abzug von jedem Negativ.

Krank sein

Gewöhnlich erwartet der Arzt, aber auch die Krankenschwester, vom Patienten ein Geschenk.

beim Arzt

medic	Arzt
salvare	Rettungswagen
spital	Krankenhaus

Erste Hilfe ist in Rumänien kostenlos.

Unde găsesc un medic / un spital?
wo (ich-)finde ein Arzt / ein Krankenhaus
Wo finde ich einen Arzt / ein Krankenhaus?

Ce ați pățit?
was (ihr-)habt erlitten
Was ist los mit Ihnen?

Ce vă doare?
was euch (es-)wehtut
Was tut Ihnen weh?

Mă simt rău.
mich (ich-)fühle schlecht
Ich fühle mich schlecht.

Sunt bolnav/ă.
(ich-)bin krank/e
Ich bin krank.

Mă doare piciorul /stomacul / gâtul.
mich (es-)wehtut Fuß-das / Magen-das / Hals-das
Mir tut der Fuß / Magen / Hals weh.

Am răcit / căzut / vomitat.
(ich-)habe erkältet / gefallen / erbrochen
Ich habe mich erkältet / bin gefallen / habe mich erbrochen.

Am probleme cu inima / rinichii / ficatul.
(ich-)habe Probleme mit Herz-die / Nieren-die / Leber-der
Ich habe Herz- / Nieren- / Leberbeschwerden.

Seringa e sterilă?
Spritze-die ist sterile
Ist die Spritze steril?

Nu-mi dați injecție!
nicht-mir gebt Injektion
Keine Spritze!

Zum Schutz gegen Aids sollten Sie eventuell steril verpackte Spritzen mitnehmen.

Am ac propriu.
(ich-)habe Nadel eigen
Ich habe eine eigene Spritze.

alergie	Allergie
diaree	Durchfall
temperatură	Fieber
rupt	gebrochen
gripă	Grippe
infecție	Infektion
injecție	Injektion
cap	Kopf
crampe *(Mz)*	Krämpfe
bolnav/ă	Kranke(r)
dureri de stomac	Magenschmerzen
frisoane *(Mz)*	Schüttelfrost
amețeli *(Mz)*	Schwindel
insolație	Sonnenstich
accident	Unfall
luxat	verstaucht
constipație	Verstopfung

beim Zahnarzt

Zum Zahnarzt sollte man nur im äußersten Notfall gehen, da es leider noch an guter Ausstattung fehlt.

Vă rog să-mi plombați acest dinte!
euch (ich-)bitte dass-mir (ihr-)plombieret dieser Zahn
Bitte plombieren Sie mir diesen Zahn!

Nu extrageți!
nicht zieht
Nicht ziehen!

Vă rog anestezie!
euch (ich-)bitte Anästhesie
Bitte betäuben!

Apotheke

Alle Arzneimittel, ob rezeptpflichtig oder nicht, müssen aus eigener Tasche bezahlt werden.

fiolă	Ampulle
farmacie	Apotheke
alifie, unguent	Salbe
tabletă	Tablette
tinctură	Tinktur
picături *(Mz)*	Tropfen
supozitoriu	Zäpfchen

de două / trei ori pe zi
von zwei / drei mal auf Tag
zwei- / dreimal täglich

înainte / după masă
vor / nach Tisch
vor / nach dem Essen

Toilette & Co.

Für „Toilette“ gibt es im Rumänischen eine Unzahl von Wörtern. Die geläufigsten sind: toaletă, closet, WC (sprich: „*wetsche-u*“). Neben den herkömmlichen Symbolen kann man an den Toilettentüren lesen:

bărbați / B	Herren
femei / F	Frauen

Neben den Sitzklos sind vor allem in öffentlichen Toilettenanlagen türkische Hocktoiletten durchaus üblich. Diese sind gewöhnlich selten sauber. Toilettenpapier (hârtie igienică) sollte man auf jeden Fall stets bei sich haben. Und wenn es möglich ist, geht man am besten im eigenen Quartier aufs stille Örtchen!

Unde este aici un WC public?
wo (es-)ist hier ein WC öffentlich
Wo ist hier eine öffentliche Toilette?

Trebuie să ies!
(es-)muss-sein dass (ich-)hinausgehe
Ich muss mal!

Schimpfen & Fluchen

Man könnte ein ganzes Buch über das Fluchen schreiben, denn die Rumänen behaupten, am schlimmsten würden die Ungarn fluchen. Diese sagen das von den Russen, die Russen von den Bulgaren, die Bulgaren von den Serben, und diese von den Rumänen ...

a înjura	fluchen
înjurătură	Fluch
porcule!	du Schwein!
boule!	du Hornochse!
vaco!	du Trampel!
tâmpitule!	du Trottel!

Nun, wie dem auch sei, folgende Ausdrücke sollten nicht benutzt werden, da sie schwer beleidigend sein können. Trotzdem sind diese Flüche nicht ganz so schockierend, wie sie im Deutschen klingen. Sie drücken meist einen Unwillen aus, der unserem Deutschen „Was zum Teufel“ entspricht.

Du-te în pizda mă-tii!
geh-dich in Fotze-die Mutter-deiner
Geh zum Teufel!

Futu-te în cur!
fick-dich in Arsch
Leck mich mal!

Wandern in den Karpaten

Băga-mi-aş pula în tine!
stecken-mir-(ich-)würde-haben Schwanz-die in dich
Hol dich der Teufel!

Ce pizda mă-sii!
was Fotze-die Mutter-seiner
Was zum Teufel!

Ce pula mea!
was Schwanz-die meine
Was zum Donner!

Nichts verstanden? – Weiterlernen!

Kennt man ein ganz bestimmtes rumänisches Wort nicht und will man noch etwas dazulernen, kann man auf den entsprechenden Gegenstand zeigen und folgende Frage stellen:

Cum se spune pe românește?
wie sich (es-)sagt auf rumänisch
Wie heißt das auf Rumänisch?

Wenn der rumänische Gesprächspartner ein wenig Deutsch sprechen kann, kann man auch fragen:

Cum se spune „schön" pe românește?
wie sich (es-)sagt „schön" auf rumänisch
Was heißt „schön" auf Rumänisch?

Er wird dann antworten: frumos.

Wenn man das Wort nicht genau versteht, kann man den Gesprächspartner bitten:

Vă rog să-mi scrieți aceasta!
euch (ich-)bitte dass-mir (ihr-)schreibet diese(w, Ez)
Bitte, schreiben Sie mir das auf!

Vă rog, vorbiți mai rar!
euch (ich-)bitte sprecht mehr selten
Bitte sprechen Sie langsamer!

Nu vă înțeleg!
nicht euch (ich-)verstehe
Ich verstehe Sie nicht!

Învăț acum românește.
(ich-)lerne jetzt rumänisch
Ich lerne jetzt Rumänisch.

Înțeleg puțin.
(ich-)verstehe wenig
Ich verstehe ein wenig.

Vorbesc puțin.
(ich-)spreche wenig
Ich spreche ein wenig.

Wenn die Verständigung überhaupt nicht klappen sollte und man schon halb verzweifelt ist, kann man fragen:

Scuzați, vorbiți și ...?
entschuldigt (ihr-)sprecht auch ...
Entschuldigen Sie, sprechen Sie auch ...?

germană	Deutsch
engleză	Englisch

Die Antwort kann dann lauten:

da	ja
nu	nein
puțin	ein wenig
bine	gut

Nu vorbesc decât românește.
nicht (ich-)spreche als rumänisch
Ich spreche nur Rumänisch.

Literaturhinweise

In Rumänien gibt es zwar Werke zum Erlernen der rumänischen Sprache, doch sind diese für Studenten gedacht und kommen für den Selbstunterricht kaum in Frage.

Die hier genannten Bücher / Schriften sind nicht über den Reise Know-How Verlag erhältlich.

In Deutschland liegen zur Zeit folgende Bücher auf:

Lehrbuch der rumänischen Sprache (vom Autor dieses Kauderwelsch-Bandes, Buske-Verlag),
Rumänisch für Sie (Hueber-Verlag),
Lernen & Üben Rumänisch (PONS).

Als Wörterbuch ist zu empfehlen:
Universalwörterbuch Rumänisch (Langenscheidt).

Kleine Pause für ein Foto